Couverture : Patrick Lestienne

Rue de l'Hôtel des Monnaies 184
1060 BRUXELLES Belgique

ISBN 2-930390-02-6

DOMINIQUE FRANCHE

Généalogie du génocide rwandais

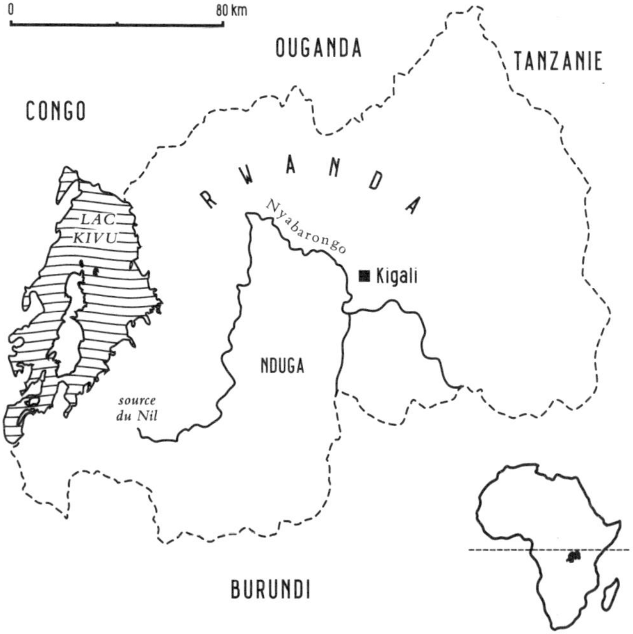
0
80 km
OUGANDA
TANZANIE
CONGO
RWANDA
LAC
KIVU
Nyabarongo
Kigali
NDUGA
source
du Nil
BURUNDI

On n'explique pas un génocide

6 avril 1994 : l'avion transportant le président rwandais, Juvénal Habyarimana, ainsi que son homologue burundais, est abattu alors qu'il se pose à Kigali, capitale du Rwanda. Presque aussitôt, les principales personnalités d'opposition sont assassinées par des hommes de la Garde présidentielle et des Forces Armées Rwandaises. Radio Mille Collines appelle les Hutu à «travailler», c'est-à-dire à tuer tous les Tutsi. En quelques semaines, du 7 avril au début du mois de juillet, sont massacrés systématiquement des centaines de milliers de Rwandais, peut-être un million : surtout des Tutsi, mais aussi des opposants hutu. Ils sont massacrés froidement, à la grenade, à l'arme à feu et à la machette, par les miliciens du régime et souvent par des voisins. Ils sont massacrés méthodiquement, à

partir de listes désignant les Tutsi et leurs «complices», les Hutu refusant d'assassiner leurs concitoyens. Ils sont massacrés selon un plan préétabli, suivant une logique raciste, exterminés en tant que Tutsi. Dans l'indifférence de la «communauté internationale» est ainsi commis un génocide.

En si peu de pages, il était impossible de retracer les événements, d'établir les responsabilités et de dégager les conséquences de cette tragédie. J'ai donc écrit ce texte pour permettre aux lecteurs ignorant tout du Rwanda de comprendre la dynamique historique dans laquelle se situe le génocide de 1994, qui appartient à notre histoire autant qu'à celle des Africains.

Il me faut aussitôt préciser: on n'explique pas un génocide. Prétendre le faire serait obscène. Au demeurant, on ne peut *expliquer* aucun événement historique, car il n'existe pas de relation causale simple et objective dès lors que l'on traite du social. On explique des lois physiques, on n'explique pas les phénomènes sociaux. En revanche, faute de pouvoir connaître leur «pourquoi ?», on peut rechercher leur «comment ?», et parfois on en a le devoir. Ceux qui ont perpétré les génocides d'autres temps et d'autres lieux n'étaient pas fondamentalement différents de nous. Partant de cet inquiétant constat, tout être humain devrait tenter de comprendre dans quelles conditions d'autres êtres humains ont commis le mal absolu. Pour autant, comprendre le contexte historique d'un génocide n'est pas expliquer celui-ci. Confondre compréhension et explication reviendrait à considérer que l'événement était inévitable, ce qui n'est jamais le cas. Il s'est produit, un point c'est tout. En fonction de questions que sa société se pose dans le présent, l'historien sélectionne des informations et décrit le déroulement de faits passés tels qu'il se les représente. Ce faisant, il donne à voir des enchaînements qui peuvent paraître implacables, comme si ce qui s'est produit devait fatalement se produire. Voilà l'illusion à laquelle le lecteur ne doit pas céder. Le génocide de 1994 n'était pas inévitable.

Or, c'est précisément l'impression inverse qui a été donnée par les journalistes des médias dominants, les hommes politiques, les diplomates, les «intellectuels» et certains universitaires. Qu'ont-ils osé dire ou écrire du génocide rwandais ? En laissant de côté les voleurs de deuil qui en niaient l'existence, ils nous ont fourni une «explication» aussi simple que rassurante : ce ne serait là qu'un épisode d'une multiséculaire guerre tribale ou guerre ethnique, une de plus sur le continent noir. Dans ces conditions, puisque les Africains sont supposés se massacrer depuis toujours pour des raisons ethniques incompréhensibles par les Blancs, le génocide rwandais devient presque normal, en tout cas inévitable. Les Occidentaux n'y auraient aucune part de responsabilité, et ils ne devraient pas s'en inquiéter. « Ce sont des Noirs, nous sommes des Blancs. Voilà pourquoi il ne faut pas intervenir», déclara l'ancien ministre Alain Peyrefitte à l'Assemblée nationale pendant les événements. «Que peut faire la France lorsque des chefs locaux décident de régler leurs querelles à la machette [...] ? Après tout, c'est leur pays», conclut le président Mitterrand en novembre 1994, s'exonérant ainsi du soutien accordé aux organisateurs du génocide.

Il faut combattre ces discours aussi faux qu'intolérables. La présentation du génocide rwandais comme guerre ethnique opposant Hutu et Tutsi doit être réfutée car elle entretient la haine en se plaçant dans la même logique que les auteurs du génocide : la logique raciste. Certes, Hutu et Tutsi existent bel et bien dans les sociétés rwandaise et burundaise. Il n'est nullement question de nier cette réalité de catégories sociales objectivement constituées comme certains l'ont fait, en particulier chez les Tutsi lorsqu'ils sont au pouvoir. Cependant, que ceci soit entendu une bonne fois pour toutes : la société rwandaise comprend, et comprenait avant la colonisation, trois catégories sociales, Hutu, Tutsi et Twa, qui n'étaient pas autrefois, et ne sont pas aujourd'hui, des ethnies, non plus que des tribus – quant à parler de «races», laissons cela aux nostalgiques de l'anthropologie nazie.

Comment une catégorisation sociale qui ne paraît pas avoir posé problème dans le Rwanda du début du XXe siècle a-t-elle débouché sur une entreprise d'extermination raciste ? Que voulait dire être hutu ou tutsi ? Pourquoi persiste-t-on à parler de guerre ethnique là où n'existe qu'une seule ethnie, l'ethnie rwandaise ?

Représentations de la société et naissance du racisme

Les organisateurs de génocides s'appuient sur des théories de la société pour convaincre autrui de la légitimité des massacres. Au Rwanda, les politiciens criminels ont utilisé des discours aux fondements théoriques élaborés en Europe, et que les colonisateurs avaient greffés sur une logique sociale qu'ils ne comprenaient pas. Nos sociétés produisent en effet des représentations d'elles-mêmes articulées en ensembles de discours cohérents et pseudo-explicatifs, des grilles d'intelligibilité scellées à quelques éléments de la réalité. Elles tendent à s'enfermer dans ces grilles, qu'elles projettent sur les autres sociétés, avec parfois de terribles effets.

Ainsi, c'est la colonisation qui créa l'opposition dite «ethnique» entre Hutu et Tutsi. Comment? En plaquant sur les sociétés rwandaise et burundaise un schéma d'interprétation raciste. Plaquage d'autant plus aisé chez les Européens que le racisme était le fondement du colonialisme, et que cette région d'Afrique alimentait leurs fantasmes depuis plusieurs millénaires.

DES MONTS ET MERVEILLES

Pourquoi? Parce que s'y trouvaient les sources du Nil, ces mystérieuses sources dont la localisation posait problème depuis l'Antiquité et qui ont inspiré tant de statues figurant le grand fleuve par un homme au visage caché. À la fin du XIXe siècle, l'Afrique des Grands Lacs avait de ce fait une charge mythique comparable à celle de la Lune jusqu'au premier pas d'un astronaute. Elle faisait rêver, d'autant plus qu'elle demeurait inaccessible : le célèbre Stanley renonça à entrer au Rwanda après avoir essuyé une volée de flèches.

Les auteurs de l'Antiquité avaient entretenu le mystère : dans sa *Géographie*, Ptolémée d'Alexandrie écrivait que les sources du Nil se trouvaient aux «Monts de la Lune», une région où, affirmait Aristote dans son *Histoire des animaux*, des pygmées vivaient dans des cavernes. Et les explorateurs, dont les informateurs parlaient d'une monarchie bien organisée et d'un royaume très peuplé, de rêver... La chaîne des volcans située au nord du Rwanda, dont on apercevait les cimes, ne pouvait être que ces Monts de la Lune évoqués par Ptolémée. Là-bas, rien ne devait être ordinaire, rien ne pouvait être ordinaire. Il est bien connu que, lorsque la légende devient un fait, on doit imprimer la légende. *À fortiori* quand la légende a précédé la réalité depuis des millénaires. Qui prendrait le risque de la détruire ?

Et, à en croire les récits, rien n'était ordinaire au Rwanda. Pour un Richard Kandt, qui avoue sa déception devant les quelques gouttes de la source du Nil qu'il vient enfin de découvrir après des années de quête, et qui donne une description équilibrée de la société rwandaise, ou plutôt des sociétés rwandaises, combien d'explorateurs et de missionnaires entretenant les rêveries de leurs lecteurs ! Désir de se mettre en avant par du sensationnel, souci de susciter l'intérêt de généreux donateurs, crainte de briser des idoles si anciennes, ou aveuglement devant une réalité dont certains éléments pouvaient être tirés dans le sens des récits anciens, tout cela se combine probablement pour expliquer par exemple l'invention des pygmées rwandais.

En effet, de même que, du XVIe au début du XIXe siècle, voyageurs, théologiens, géographes et naturalistes affirmèrent que la Patagonie était peuplée de géants, contre toute réalité, pourtant observée, de même voilà plus d'un siècle que l'on nous parle des Twa comme de pygmées, alors que rien ne permet d'appliquer ce terme, d'ailleurs très problématique, à la troisième catégorie sociale rwandaise – pas même un mode de vie de chasseurs-cueilleurs forestiers, puisque tous ne vivaient pas ainsi. Mais Aristote l'avait dit : aux sources du Nil se trouvaient des pygmées vivant dans des cavernes. En 1894, quand le comte von Götzen et ses compagnons traversèrent le Rwanda d'est en ouest, ils firent le rapprochement entre le texte du philosophe et la rencontre, dans des cavités rocheuses de la forêt, de «nains insaisissables qui devaient y dormir». Aristote avait dit vrai. Le grand Aristote ne pouvait qu'avoir dit vrai.

Dès lors, les Twa furent appelés «nains», «myrmidons» ou «pygmées», même si l'anthropologue qui les mesura en 1907-1908 obtint une moyenne de 1,59 mètre. On trouvait au Rwanda ce que l'on voulait y trouver, ce que l'on en avait dit avant d'y venir, au lieu de décrire ce que l'on pouvait y découvrir. Comprenons-nous bien. Le mensonge délibéré était finalement plutôt rare. Il s'agissait d'un tri des informations disponibles, passées au filtre d'idées préconçues par des voyageurs séjournant peu de temps dans la contrée. Ils cherchaient la confirmation des discours dominants, et non pas la découverte d'éléments nouveaux qui auraient pu les mettre en cause. *Certains* Twa étaient effectivement des chasseurs-cueilleurs vivant dans la forêt et plus petits que le reste de la population ? Donc l'ensemble de la catégorie Twa correspondait aux pygmées dont Aristote avait parlé. Les Européens les mieux informés préféraient se taire : plutôt que d'accomplir une fort périlleuse destruction des mythes, mieux valait donner de l'exotisme aux lecteurs, pour les engager à devenir colons, susciter des vocations de missionnaires ou récolter des dons afin d'évangéliser ces populations si primitives, et par là si fascinantes.

Cela est patent quand on confronte écrits officiels et écrits privés des Pères Blancs, les missionnaires catholiques venus évangéliser la contrée. Certains se gaussaient en privé des voyageurs qui se faisaient photographier en compagnie d'hommes de petite taille, parfois hutu, d'ailleurs, en se haussant le plus possible sur la pointe des pieds pour montrer que les Twa étaient bien des pygmées. Mgr Classe, évêque du Rwanda (de 1922 à 1945), qui parla toujours dans ses articles des Twa comme de pygmées, ne se priva pourtant pas de railler auprès des Supérieurs Majeurs des Pères Blancs un missionnaire, le Père Schumacher, qui prétendait mener l'étude scientifique des pygmées rwandais. Selon Mgr Classe – en privé –, on ne trouvait pas de vrais pygmées au Rwanda. Schumacher leur consacra néanmoins un livre important, mais il fut bien obligé d'admettre que ces «pygmées» n'étaient pas typiques. Il ne pouvait pas aller plus loin, car il se serait privé de toute source de financement et du soutien du pape, qui encourageait ses recherches dans l'espoir de battre en brèche les théories darwiniennes de l'évolution. Pour se sortir de son pieux mensonge, il utilisa un nouveau mot, celui de *«Twiden»*, afin de ne plus employer *«Pygmäen»*. De même, en français, comme on a bien été obligé d'admettre que ces pygmées étaient un peu grands, on a parlé de «pygmoïdes». Et voilà comment perdure le mythe des pygmées rwandais, dernier avatar de l'anthropologie fantastique héritée des auteurs de l'Antiquité.

DE LA MALÉDICTION DE CHAM AUX «NÈGRES BLANCS»

Les pygmées n'étaient pas la seule merveille des «Monts de la Lune». On devait y trouver aussi des «nègres blancs». Vous avez bien lu. C'est ainsi que s'expriment les explorateurs allemands. Les Européens étaient en effet étonnés de trouver dans l'Afrique des Grands Lacs des royaumes structurés, souvent dirigés par des Noirs dont beaucoup avaient la peau claire, une taille élancée et des traits fins qui rappelaient certaines populations de la corne de l'Afrique. Comment des peuples aussi primitifs que les «nègres» pouvaient-ils avoir organisé des royaumes? Comment les traits de leur visage pouvaient-ils correspondre aux canons européens de la beauté?

Le problème s'était posé dès la fin du XVIIIe siècle, quand l'étude des bas-reliefs et fresques égyptiens avait révélé que la plus ancienne civilisation d'Occident pouvait être due à des Noirs. Jusqu'alors, ceux-ci avaient été présentés comme les «fils de Cham». Dans la Bible, Cham, fils de Noé, vit la nudité de son père ivre et s'en moqua auprès de ses frères Japhet et Sem. À son réveil, Noé maudit, non pas directement Cham, mais Chanaan, fils de ce dernier, qu'il condamna à devenir l'esclave de Japhet et de Sem, ainsi que sa descendance. Les fils de Cham étaient donc voués à l'esclavage, un mythe bien commode pour les trafiquants de chair humaine. N'oublions pas que la Bible, vérité révélée, ne pouvait pas être mise en doute. Puisque l'on décidait, en interprétant la Genèse, que les Noirs étaient les fils de Cham – rien ne le suggère dans le texte –, l'esclavage de ces pécheurs ne posait plus de problème moral.

Mais, selon E. Sanders et J.-P. Chrétien, après les révélations scientifiques de l'expédition d'Egypte, l'idée que des pécheurs maudits, noirs qui plus est, pussent avoir fondé une telle civilisation était si monstrueuse que l'on réinterpréta la Bible. Comme Cham lui-même n'avait pas été maudit, on transforma les Egyptiens à la peau sombre vus sur les fresques en descendants d'un autre fils de Cham, sur qui ne pesait pas la malédiction. Ce fils était un «caucasoïde» que l'on «blanchissait» intérieurement, c'était un cousin des Blancs. Comment pouvait-il en être autrement? Toute civilisation ne pouvait être que l'œuvre des Blancs. C'était nécessairement le cas en Egypte, ce ne pouvait qu'être le cas plus au sud. Partout où se trouvaient des éléments de civilisation, on faisait intervenir l'idée d'une lointaine ascendance blanche.

Dans son *Essai sur l'inégalité des races humaines* (1853-1855), souvent présenté comme une des sources du racisme nazi, Joseph-Arthur de Gobineau parla ainsi de la «descente primordiale des peuples blancs», celle des «Chamites» qui, venus d'Asie septentrionale, se seraient répandus au long des côtes arabes jusque dans l'est de l'Afrique. Certes, l'influence de Gobineau a été très exagérée, mais son essai présente d'autant plus d'intérêt qu'il était une compilation de nombreux livres estimés en son temps. Lui-même n'avait rien inventé, et semblables idées se trouvaient dans bien d'autres ouvrages.

Les «nègres» un peu civilisés étaient en réalité des Blancs, d'une race différente de celle que l'on rencontrait habituellement en Afrique noire: la race des Hamites, les fils de Cham (Ham en hébreu) non maudits. Les dissemblances physiques entre peuples d'agriculteurs et peuples de pasteurs, observables un peu partout en Afrique, constituèrent dès lors une confirmation directement observable des théories racistes et de la table des nations de la Bible, un point d'ancrage de la grille d'intelligibilité des sociétés la plus fermement établie à cette époque: les pasteurs, graciles, aux traits fins et à la peau moins sombre que les agriculteurs, devaient être les Chamites ou Hamites.

L'idée d'une ancienne migration de Blancs en Afrique noire était très répandue dans la deuxième moitié du XIXe siècle, car elle permettait d'expliquer la diversité des types humains. Il n'est donc pas étonnant que cette théorie fumeuse ait été appliquée à l'Afrique des Grands Lacs, un soin qui revint à l'explorateur John Speke, dans son livre à succès *Journal of The Discovery of The Source of The Nile* (1863). Il y présenta les peuples abyssinien, galla, somalien, hima et tutsi comme les membres de la race conquérante sémito-hamite venue d'Ethiopie. En dehors des caractéristiques somatiques de ces populations, il n'avait aucune preuve de ce qu'il présentait d'ailleurs comme une théorie.

Mais, dans la mesure où sa théorie recoupait le discours scientifique dominant, elle allait très vite acquérir la force de la certitude. Les Tutsi devaient être des «Sémito-Hamites», des «nègres blancs» appartenant à une race supérieure. Et les premiers récits d'exploration de vanter les «figures bibliques» et la taille de géants de ces «caucasoïdes», nos cousins les Hamites, qui régnaient sans partage sur les Hutu, «pauvres nègres» de la race bantou. Dans la plupart des écrits publics, on passa sous silence l'existence de petits royaumes hutu au sein du Rwanda, la pauvreté de la majorité des Tutsi, et leur taille somme toute normale (1,79 mètre en moyenne, selon les mesures effectuées en 1907-1908), bien que supérieure à celle des Européens de l'époque. Au contraire, on ne parla que du royaume central, de sa noblesse tutsi, et de géants de 2 mètres à 2,20 mètres.

«Pygmoïdes» twa et «caucasoïdes» tutsi ne sont ainsi que le fruit du contexte culturel et scientifique d'une époque révolue, du moins en principe, celle des théories racistes étudiant les migrations aryennes, celle qui aboutit au génocide des Juifs, des Tziganes et des Slaves avant d'inspirer le génocide rwandais de 1994, celle qui a donné une caution scientifique à l'antisémitisme européen et à ce qu'il convient d'appeler l'anti-hamitisme africain, la haine des «hamites» inventés par les colonisateurs.

LA THÉORIE DE LA DUALITÉ NATIONALE ET LA GUERRE DES RACES

Les ravages des interprétations de la Bible et des aberrations de l'anthropométrie florissante au XIXe siècle se combinèrent en un schéma d'explication de l'histoire des sociétés que l'on appliqua au monde entier : celui des conquêtes et de la guerre des races.

Le pays de départ de cette théorie semble être la France. À partir du XVIe siècle s'y développa le mythe d'une origine franque de la noblesse française – auparavant, les Français s'attribuaient une origine troyenne, sur le modèle d'Enée fondant Rome. Le nouveau mythe présenta les roturiers comme les descendants des Gaulois ou des Gallo-Romains, et les nobles comme les descendants des Francs venus de Franconie, en Germanie. Il y aurait donc eu deux nations en France, dont l'une avait conquis l'autre et détenait des privilèges par droit de conquête. Esquissée par un auteur bourgeois, Etienne Pasquier, dans *Les Recherches de la France* (1560-1567), l'idée de la dualité nationale fut développée par François Hotman dans *Franco-Gallia* (1573), un ouvrage qui rencontra un prodigieux succès.

L'un des intérêts de ces premiers livres d'histoire vient du contexte dans lequel ils se situent : les guerres de religion, et l'expansion de l'Etat moderne, avec son espace politique de plus en plus homogène. Pour la première fois, hors le cas des Juifs, se posait en France le problème de la coexistence sur une même terre et sous un même règne d'hommes appartenant à des confessions opposées l'une à l'autre comme des nations adverses. D'autre part, l'importance des invasions dans les représentations de l'histoire s'accrut en raison des guerres d'Italie peut-être, en tout cas à coup sûr de la conquête du Nouveau Monde, à cause de l'effet de miroir qu'elle provoqua en Europe. En outre, les échanges constants entre auteurs français et anglais à propos de l'invasion normande du XIe siècle et de ses conséquences sociales à long terme ne firent qu'entretenir l'intérêt porté aux conquêtes comme moteur de l'histoire.

La théorie de la dualité franco-gauloise fut très vite adoptée et affinée par la noblesse dans une littérature fort abondante. Elle la flattait et surtout elle lui donnait une arme puissante, d'un côté pour justifier la fermeture de l'ordre noble aux bourgeois, de l'autre pour lutter contre l'expansion des pouvoirs de la monarchie. L'apogée du mythe fut l'œuvre de Henry de Boulainvilliers (1658-1722), en particulier dans ses *Essais sur la Noblesse de France contenant une dissertation sur son origine & abaissement*, parus en 1732, ouvrage posthume qui exerça son influence pendant plus d'un siècle sur de nombreux auteurs, au premier rang desquels Gobineau. Dans ce livre qui peut à tout le moins être qualifié de proto-raciste – le racisme au sens propre, biologique, apparaît plus tard –, les seuls vrais Français étaient les descendants des Francs, les nobles, dont les privilèges étaient justifiés par le droit de conquête, le droit du plus fort, tandis que les descendants des Gaulois auraient dû rester asservis comme les Amérindiens l'étaient aux Espagnols. Voltaire et d'autres esprits critiques eurent beau railler les prétentions des nobles à l'ascendance franque, cette théorie de la guerre des races s'enracina dans les esprits.

À tel point qu'elle fut assimilée par les membres du tiers état, qui la retournèrent contre les nobles. Ceux-ci revendiquaient une ascendance germanique ? Ils justifiaient leurs privilèges par le droit de conquête ? Eh bien il fallait faire une conquête en sens inverse et chasser ces étrangers. On comprend mieux les phrases de Sieyès, dans *Qu'est-ce que le tiers état ?*:

> puisque le Tiers «est aujourd'hui assez fort pour ne pas se laisser conquérir, sa résistance sans doute sera plus efficace. Pourquoi ne renverrait-il pas dans les forêts de la Franconie toutes ces familles qui conservent la folle prétention d'être issues de la race des conquérants et d'avoir succédé à leurs droits ? La nation, alors épurée, pourra se consoler, je pense, d'être réduite à ne plus se croire composée que des descendants des Gaulois et des Romains.»

Et Camille Desmoulins de menacer, dans *La France libre* (1789) :

> «Ceux qui se prétendent nos conquérants seront conquis à leur tour. La nation sera purgée, et les étrangers, les mauvais citoyens, tous ceux qui préfèrent leur intérêt particulier au bien général, seront exterminés.»

Encore ces deux révolutionnaires parlaient-ils de «prétention» à l'ascendance franque, une nuance qui disparut avec le temps. L'historien et homme politique Guizot écrivit par exemple, dans *Du gouvernement de la France depuis la Restauration* (1820) :

> «La révolution a été une guerre, la vraie guerre, telle que le monde la connaît entre peuples étrangers. Depuis plus de treize siècles la France en contenait deux, un peuple vainqueur et un peuple vaincu. Depuis plus de treize siècles le peuple vaincu luttait pour secouer le joug du peuple vainqueur. Notre histoire est celle de cette lutte. [...] Treize siècles se sont employés parmi nous à fondre dans une même existence la race conquérante et la race conquise, les vainqueurs et les vaincus. La division primitive a traversé leur cours et résisté à leur action. La lutte a continué dans tous les âges, sous toutes les formes, avec toutes les armes ; et lorsqu'en 1789, les députés de la France entière ont été réunis dans une seule assemblée, les deux peuples se sont hâtés de reprendre leur vieille querelle. Le jour de la vider était enfin venu.»

La Révolution fut ainsi pensée comme la revanche des roturiers d'origine gallo-romaine contre les nobles d'ascendance franque, à l'époque et jusqu'aux événements de 1848, qui entraînèrent un déplacement de la grille d'intelligibilité de la société française vers l'explication par la lutte des classes.

Si tout le monde n'adhérait pas à cette interprétation, en revanche tout le monde la connaissait, bien au-delà des milieux intellectuels, et l'immense popularité des romans de Walter Scott diffusa elle aussi la vision de l'histoire comme guerre des races. Celle-ci et la théorie de la dualité nationale furent reprises et particulièrement développées chez l'historien libéral Augustin Thierry (1795-1856), dont les ouvrages demeurèrent lus longtemps après sa mort. Il en fit un système :

> «Ouvrez l'histoire au point que vous voudrez, prenez au hasard le climat et l'époque, si vous rencontrez une peuplade d'hommes soit éclairés soit encore sauvages vivant sous un régime de servitude, soyez sûr qu'en remontant plus haut vous trouverez une conquête, et que ces hommes sont des vaincus.»

On expliquait l'histoire de l'Espagne par les conquêtes des Wisigoths puis des Arabes, celle de l'Angleterre par les invasions anglo-saxonne puis normande, celle de l'Allemagne par l'invasion des Aryens venus de l'Inde. Certes, des invasions ont eu lieu, et leurs conséquences ont été importantes. Mais aujourd'hui personne ne réduirait l'histoire aux seules conquêtes, et certainement pas aux effets qu'elles seraient supposées avoir bien au-delà de mille ans.

Si le schéma de la dualité nationale franco-gauloise s'effaça peu à peu en France après 1848 – hors une brève résurgence sous le régime de Vichy –, l'idée plus générale de «guerre des races», elle, s'était désormais enracinée dans tous les pays occidentaux. Cela, avec l'aide de l'anthropologie physique, en pleine expansion à la fin du XIXe siècle, et qui se faisait fort d'identifier les descendants des divers migrants et envahisseurs.

FRANCS ET GAULOIS AFRICAINS

Les premiers Pères Blancs qui vinrent évangéliser le Rwanda à partir de 1900, des Français, avaient lu les ouvrages vantant les mérites des Francs et de Clovis. La plupart des petits Français formaient une nation unie en ânonnant «nos ancêtres les Gaulois» et en vénérant les mânes de Vercingétorix – l'idéologie républicaine avait estompé les Francs au sein du sombre Moyen Age et présenté la conquête romaine comme une sorte d'utile parenthèse. Mais dans les écoles catholiques le héros restait Clovis, dont la conversion au catholicisme était censée avoir amené la France à devenir fille aînée de l'Eglise. Dans les milieux catholiques réactionnaires ou conservateurs, Francs, noblesse, monarchie, christianisme et civilisation formaient un bloc discursif cohérent et résistant.

L'historien Peter Brown a montré ce qu'il fallait penser de la représentation du triomphe du christianisme au IVe siècle : venue des auteurs chrétiens du siècle suivant, en insistant sur la conversion de l'empereur Constantin et la rapidité de la christianisation, elle avait occulté les difficultés rencontrées, mais elle avait constitué un bloc discursif comparable, très difficile à remettre en cause. En France, pays supposément converti par saint Martin, les gallicans (partisans des libertés de l'Eglise de France par rapport au Vatican) avaient fait de Clovis un autre Constantin, doublement fondateur de la France, par l'établissement de son autorité sur le territoire français, et par son baptême. Suivant leur représentation de l'histoire, évêques et moines gaulois avaient à la fois sauvé les éléments positifs de la civilisation romaine, baptisé les nobles francs et adouci leurs mœurs. Dans une œuvre volumineuse, *Les moines d'Occident* (1860-1877), le comte de Montalembert s'employa par exemple à raconter comment, devant la corruption des mœurs romaines, les moines sauvèrent les «races» barbares de la dégénérescence, leur enseignèrent la civilisation et constituèrent avec elles la chrétienté. Or, son livre était lu pendant les repas des futurs Pères Blancs, qui rêvaient de répéter dans les contrées les plus lointaines l'œuvre des moines du Moyen Age, et d'y trouver un nouveau Constantin ou un nouveau Clovis.

Prisonniers d'une représentation de l'histoire, ils avaient en tête la grille d'intelligibilité des sociétés en termes d'invasions et d'oppositions raciales, de même que, de manière indirecte, la plupart des colonisateurs, puisque le racisme était le fondement du colonialisme – le devoir des «races supérieures» d'aider les «races inférieures», selon Jules Ferry, et autre «fardeau de l'homme blanc». Et tous de reprendre la «théorie» de John Speke, en transposant la guerre des races et la conception de l'histoire comme suite d'invasions sur le passé de l'Afrique des Grands Lacs. Hutu et Tutsi furent ainsi pensés comme l'équivalent des Gaulois et Francs dans l'histoire de France.

Pis encore dans le domaine des confusions intellectuelles : certains virent dans les populations «hamitiques» des descendants de Gaulois, tel le Père Martial de Salviac, à partir de la ressemblance entre les mots «Gaulois» et «Galla», nom d'une des ethnies «hamites» d'Afrique de l'Est. Aussi incroyable que cela paraisse, cette hypothèse hilarante est reprise dans un livre de référence, *Le Sphinx Noir*, écrit en 1926 par le comte de Briey, que le gouvernement belge avait envoyé en mission au Rwanda pour déterminer la politique à mener dans ce pays.

D'autres se montraient moins naïfs, mais ils n'en restaient pas moins prisonniers des explications de la société rwandaise par la grille biblico-anthropométrique. Un journaliste du *Soir*, dans une série de reportages à succès reprise ensuite en volume, tout en parlant d'«assertions romanesques» à propos de l'origine gauloise des Galla, citait un ethnographe faisant des Tutsi des Protosémites ou Chamites caucasiens, c'est-à-dire des «nègres blancs», assertion aussi ridicule que la première.

Le discours sur la dualité nationale, peu à peu oublié en France, a gardé toute sa vitalité au Rwanda, sous la période coloniale allemande comme sous la période du mandat et de la tutelle belges, jusqu'à nos jours. Son plaquage sur des sociétés africaines a permis en effet de résoudre le problème auquel se heurtaient les Européens : comment rendre compte de l'autre ? comment expliquer des sociétés qui fonctionnaient selon une tout autre logique que les nôtres ? Plutôt que de chercher à comprendre, on s'est contenté de transposer un schéma de pensée étranger en laissant de côté tous les éléments prouvant que ce schéma était inapplicable, au Rwanda comme ailleurs.

Pratiques coloniales et cristallisation du racisme

L'interprétation de la société en termes de guerre des races n'aurait pas posé problème si elle était demeurée étrangère aux autochtones, si elle n'était pas passée dans les faits par les pratiques du pouvoir colonial, qu'exercèrent conjointement administrateurs et missionnaires, les premiers s'occupant de l'organisation du territoire colonial, les seconds du soin des âmes et des corps.

Pourtant, il faut insister sur ce point, les pensées rwandaise et burundaise ignoraient l'idée de race. L'identité sociale ne se transmettait pas par le sang, ce qui aurait inclus la filiation par les femmes, mais uniquement de père en fils, et, qui plus est, en fils illégitime ou adoptif au même titre que «biologique». L'identité n'était pas affaire de sang, mais de rapport au lignage du père. Etre hutu, tutsi ou twa était un fait purement social. En aucun cas un fait biologique ou pensé comme tel. Mais c'est ainsi que le conçurent les colonisateurs : les Tutsi appartenaient, selon eux, à une «race de seigneurs» dominant le pays.

LE RWANDA PRÉCOLONIAL : UN PAYS ?

Le pays ? Les commentateurs écrivent comme si le Rwanda était un royaume unifié avant la colonisation. Ce n'était pourtant pas le cas lorsque les Européens s'y installèrent, au début du XXe siècle. Si l'on veut comprendre quoi que ce soit à cette région, on doit tenir compte de l'opposition géographique entre ce que l'on appellera, de façon trop approximative mais pratique, le Nord et le Sud. En 1900, s'affrontaient au sein des frontières actuelles du Rwanda, non pas Hutu et Tutsi en tant que tels, mais, d'une part, les Tutsi reconnaissant la souveraineté du *mwami* (roi) Musinga et servis par des Hutu et des Twa, et, d'autre part, les Hutu, Tutsi et Twa de l'est, de l'ouest et surtout du nord du Rwanda, qui refusaient d'admettre l'autorité du *mwami* et de ses chefs.

Le Nord était peuplé de ceux que les gens du Centre et du Sud nommaient péjorativement, qu'ils fussent hutu, tutsi ou twa, *bakiga* (littéralement, «montagnards»), voire, appellation plus méprisante encore, *bashi* (nom d'une population habitant au Congo). Le *mwami* (roi) Rwabugili, dont le règne avait duré d'environ 1860 à 1895, était parvenu à établir par de cruelles expéditions son pouvoir sur la plupart des régions comprises dans les frontières actuelles du Rwanda, et même au-delà. Il avait prolongé de la sorte un processus de conquête devenu important au XVIIIe siècle, celui de la dynastie des *banyiginya* (au sens propre, membres du clan auquel appartenait le lignage royal*; par extension, notables associés à la monarchie du Rwanda central, hommes puissants). Mais ce serait se fourvoyer que de voir en lui un roi pourvu d'une souveraineté comparable à celle des anciens monarques absolus de l'Europe. Garant de la fertilité des hommes, du bétail et de la terre, il avait

* Le clan est l'ensemble des personnes se réclamant d'un même ancêtre mythique, alors que les membres du lignage affirment descendre d'une personne ayant réellement existé – mais au Rwanda cette descendance elle-même n'est pas purement biologique, car un enfant adopté ou illégitime faisait partie du lignage. Un clan regroupe de nombreux lignages.

une dimension sacrée très importante. Son autorité et celle de ses chefs se limitaient souvent à la perception d'un tribut représentant un faible pourcentage des récoltes, alors que, dans les régions les mieux contrôlées, les prélèvements étaient devenus plus lourds au XIXe siècle, sous forme notamment de corvées.

Encore fallait-il périodiquement entreprendre une razzia pour ramener à la raison les habitants des marches du royaume refusant d'acquitter le tribut. Et il existait aussi de petits royaumes hutu à l'intérieur même du Rwanda actuel. Organisés de façon similaire à la monarchie des *banyiginya*, leurs rois avaient été contraints par la force à reconnaître l'autorité du *mwami* tutsi, mais ils étaient respectés par celui-ci à cause de leurs capacités à faire pleuvoir. L'un d'entre eux au moins recevait d'ailleurs un tribut de son homologue tutsi. Même à travers cette présentation trop simplifiée, on mesure à quel point penser la monarchie rwandaise sur le modèle de nos anciennes royautés est inadapté.

En outre, à la suite de divers fléaux – maladies des hommes et du bétail, sécheresse –, de la succession agitée du *mwami* Rwabugili, et de l'intrusion des premiers Européens, en 1900, le Rwanda que contrôlait la monarchie des *banyiginya* ne se limitait plus qu'au centre et au sud du pays actuel. L'Est et l'Ouest obtempéraient mollement sous la pression de la force, et le Nord échappait à peu près complètement à toute domination : quand les envoyés du nouveau *mwami* Musinga tentaient d'y percevoir un tribut, il n'était pas rare qu'on leur envoyât quelques mottes de terre, injure suprême en ces pays, voire des lances, ou, au mieux, des quolibets. Même dans le Centre et le Sud, il existait des enclaves refusant d'obéir. Au début du siècle, le Gisaka, ancien royaume de l'est du pays, tenta de se révolter pour regagner son indépendance perdue peu de temps auparavant. Mais les troupes coloniales allemandes soutinrent le *mwami*, tout comme elles le firent de manière sanglante en 1912, lorsqu'une insurrection partie du Nord, et à laquelle participèrent Hutu, Tutsi et Twa, faillit balayer Musinga et ses chefs.

Le schéma, formulé par Jan Vansina, d'un royaume rwandais dont l'autorité réelle se limitait au Centre et au Sud, à la région du Nduga entendue au sens large, c'est-à-dire à la boucle de la rivière Nyabarongo, va à l'encontre des présentations, trop répandues, d'une espèce de monarchie absolue des Tutsi, mais il est corroboré par toutes les sources. Les fractures de la société rwandaise, en admettant qu'une seule société rwandaise ait existé alors, apparaissent ainsi géographiques et politiques plutôt que sociales, avec une opposition majeure entre le Nord et le Sud, ou plus précisément entre ce qui se situait en deçà ou au-delà de la rivière Nyabarongo (voir carte).

La coupure géographique et politique profonde suivant la Nyabarongo est presque toujours négligée par les commentateurs, alors qu'elle se révèle pourtant essentielle pour comprendre le Rwanda. Les témoignages montrent que dans le Centre, chez les *banyanduga* (habitants du Nduga, compris au sens large), les Hutu désiraient s'affranchir de la tutelle des Tutsi, plus précisément des chefs tutsi, les *banyiginya*: les Hutu accueillirent les Européens en libérateurs, croyant naïvement qu'ils les délivreraient des corvées et des exactions de leurs maîtres. Chez les *bakiga* du Nord, on observe une tout autre société : là, Hutu, «Tutsi» *bagogwe* ou *bahima* (deux populations composées surtout d'éleveurs nomades, qui ne se disaient pas et n'étaient pas appelés tutsi en 1900, mais qui l'ont été par la suite) et Twa coexistaient pacifiquement, avec néanmoins des accrochages sporadiques, souvent dus à des vols de vaches ou à la divagation de celles-ci dans les champs.

Dans le Nord-Ouest, le pouvoir se trouvait concentré dans les mains des Hutu *bakonde* (défricheurs) qui possédaient les terres et obligeaient d'autres Hutu à devenir leurs clients pour obtenir un champ à cultiver, dans le cadre du *bukonde*, un système de clientèle foncière. Au sud, de l'autre côté de la Nyabarongo, dominait le *buhake*, un système de clientèle différent, reposant sur le prêt de vaches, et dont l'ancienneté et l'universalité ont souvent été exagérés, comme l'a montré l'historienne Catharine Newbury. À cette différence essentielle de système de clientèle, de régime foncier, s'en joignaient d'autres qui concernent des domaines primordiaux de la culture, telles les coutumes funéraires ou la religion.

Existait-il une nation rwandaise en 1900 ? La cohésion linguistique et, à un degré moindre, culturelle de ce pays sert parfois d'argument pour en déduire l'ancienneté et la généralité de la domination des Tutsi *banyiginya* sur le pays. Ceux qui procèdent ainsi raisonnent par analogie avec la construction nationale de certains Etats européens, dans lesquels l'unité a été imposée par un centre de décision et par son administration. C'est le cas de la France, où diverses mesures politiques, comme l'édit de Villers-Cotterets et la généralisation de l'école, ont imposé l'usage de la langue française sur tout le territoire. Au Rwanda, on peut certes émettre l'hypothèse d'une entité politique disparue, beaucoup plus ancienne que la monarchie des *banyiginya*, entité qui aurait unifié le pays. Mais cette hypothèse est trop sujette aux déformations idéologiques en raison du flou des traditions orales qui la fondent.

Il semble plus probable que la relative homogénéité linguistique et culturelle de l'aire rwandaise résulte des migrations, car les généalogies familiales – qui remontent jusqu'au XVIIIe siècle – y montrent l'amplitude et la fréquence des mouvements de populations pour cause de famines, de vengeances entre lignages, et de guerres menées à la fois contre des envahisseurs étrangers et contre les Tutsi *banyiginya* cherchant à imposer l'autorité de leur royaume au-delà de son centre originel: l'unité culturelle rwandaise aurait ainsi en partie préexisté à et en partie accompagné l'expansion des *banyiginya*.

De cette unité, on déduit souvent que le Rwanda était une «nation» en 1900. Les paragraphes précédents ont prouvé qu'est inapplicable ici le sens, courant depuis la Révolution, d'un peuple ayant conscience de son unité et voulant vivre ensemble. Ces mêmes paragraphes disqualifient aussi l'hypothétique nation rwandaise en tant que communauté politique définie objectivement par son unité territoriale et un souverain unique. La relative cohésion culturelle et linguistique ne prouve qu'une chose: il existait une ethnie rwandaise, avec une importante différence notamment entre «gens du Nord» ou *bakiga*, et «gens du Sud» ou *banyanduga*.

Quant aux frontières actuelles, l'aire ethnique rwandaise les débordait légèrement – au sud-ouest de l'Ouganda, et, côté congolais, au nord du lac Kivu. Mais il est faux d'affirmer que le royaume rwandais s'étendait dans l'est du Congo. C'est opérer une confusion entre aires culturelles et territoires strictement délimités, confusion typiquement européenne, et correspondant à une conception d'ailleurs assez récente en Europe puisqu'elle remonte au traité de Westphalie (1648) et a connu son heure de gloire au moment des traités imposés par les vainqueurs de la Première Guerre mondiale. Cette conception du territoire n'avait aucun sens dans la culture rwandaise. Si l'on assimile aujourd'hui aire ethnique et territoire rwandais, il n'est pas faux de dire que la colonisation n'a pas respecté une unité, mais c'est une escroquerie géopolitique puisque le royaume tutsi des *banyiginya* ne parvenait pas à faire respecter au sein des frontières actuelles, loin s'en faut, une souveraineté qui n'était pas d'une nature identique à celle de nos Etats.

DOMINER PAR L'INTERMÉDIAIRE DE CHEFS TUTSI

Peu de colonisateurs prirent la mesure de ces différences culturelles, ni même de la diversité politique et sociale du territoire dont ils prétendaient assumer la charge. Les plus observateurs ne pouvaient d'ailleurs guère en tenir compte car il leur fallait gérer la contrée suivant des règles simples, faute d'effectifs. En effet, du temps des Allemands comme du temps des Belges, des fonctionnaires en nombre toujours insuffisant administrèrent Rwanda et Burundi. De là une constante collaboration avec les missionnaires, majoritairement catholiques, qui demeurèrent longtemps plus nombreux que les administrateurs coloniaux, dont certains, protestants ou anticléricaux, se seraient volontiers dispensés de pareille collusion. Mais, avant même que la très catholique Belgique instaurât le règne de «la croix et l'épée», les Allemands se montrèrent suffisamment pragmatiques pour s'appuyer sur les missionnaires, pourtant français en grande majorité, afin de pallier leur manque d'effectifs.

Trop peu nombreux, les Allemands devaient aussi utiliser les structures de pouvoir en place pour contrôler le pays, dans le cadre d'un système d'administration indirecte. Cela supposait de déterminer qui étaient les «chefs» du pays. De même, les missionnaires catholiques, les Pères Blancs du cardinal Lavigerie, avaient pour instruction de gagner la confiance des «chefs» et de les convertir en priorité, dans l'espoir qu'ils entraîneraient avec eux le reste de la population comme Clovis était représenté l'avoir fait en Gaule. Au demeurant, les Allemands entendaient que les Pères Blancs suivent la même politique qu'eux : ils devaient soutenir les chefs en place. Mais qui étaient les chefs ? Là commençait un épineux problème, qui suscita de violents débats parmi les missionnaires eux-mêmes, entre les missionnaires et le résident Kandt, et entre administrateurs allemands.

D'après John Speke et d'autres explorateurs, les chefs ne pouvaient être que les Tutsi. Les notables tutsi de la cour du *mwami* revendiquaient effectivement une autorité sur l'ensemble du Rwanda actuel, ou peu s'en faut, voire au-delà. Comme les voyageurs interrogeaient ces Tutsi, leur conception allait dans le sens de la théorie de Speke. Mgr Hirth, le premier évêque ayant autorité sur la contrée (jusqu'en 1922), mais dont la connaissance du pays se résuma pendant des années à ses lectures et à de brefs séjours, considéra donc que le *mwami* devait être tenu pour seul roi, le futur Clovis de la contrée.

Des Pères qui connaissaient mieux le terrain, en particulier le nord-ouest du pays, comprirent que la réalité était beaucoup plus complexe : ils virent que les Tutsi n'étaient pas seulement quelques grands chefs de la cour du *mwami*, mais qu'il y en avait d'autres catégories ; ils apprirent qu'existaient de petits rois hutu, que l'autorité du *mwami* tutsi ne s'exerçait pas partout, et que les *bakiga* («montagnards» du Nord) s'y montraient spécialement rétifs ; enfin, ils furent révoltés par la cruauté des chefs tutsi *banyiginya*, qui avaient le tort supplémentaire de se montrer hostiles à l'évangélisation, alors que des Hutu généralement marginaux demandaient le baptême – dans l'espoir d'échapper à la domination des *banyiginya* ou d'obtenir de menus avantages.

Dès le début du siècle se dessina ainsi une opposition entre les Européens pro-Hutu et pro-Tutsi, qui s'explique par la généralisation abusive à l'ensemble du Rwanda de l'organisation sociale que les Pères Blancs voyaient autour de chacune de leurs missions, situées dans des régions aux sociétés différentes. Ils ne comprenaient pas que le pays n'était pas homogène. Le conflit entre les prêtres fut d'une violence peu croyable, encore accrue par les tensions qu'il provoquait avec l'autorité allemande, qui avait choisi de soutenir le *mwami*, mais dont aucun représentant officiel ne résida en permanence dans le pays avant 1907. Les catholiques, eux, s'y étaient installés dès 1900 et pouvaient mener leur propre politique. Jusqu'à un certain point seulement, car leurs actes finissaient par être connus des officiers allemands en tournée. Mgr Hirth fit muter le missionnaire tenu pour être le meneur des pro-Hutu, ou des anti-Tutsi. Avec la nomination de l'explorateur Richard Kandt comme résident, et son installation au centre du Rwanda, à Kigali où il fit construire la capitale coloniale, le choix de l'évêque et de son futur successeur, Mgr Classe, ne pouvait que l'emporter.

Kandt, qui parlait la langue rwandaise et qui était certainement le meilleur connaisseur du pays, prenait en effet fort mal tout soutien accordé par les Pères aux revendications hutu contre les Tutsi *banyiginya*, au centre et au sud du Rwanda. Il s'employait au contraire, par les armes s'il le fallait, à étendre leur autorité dans le reste du pays, au nom du réalisme politique : pour mettre en place un régime d'administration indirecte, il était plus facile d'avoir un seul interlocuteur, le *mwami*, plutôt qu'une myriade de petits rois locaux et chefs de lignages hutu, twa et tutsi indépendants. De ce point de vue, les *bakiga* du Nord étaient les plus visés par la politique allemande. La Résidence leur imposa la domination des Tutsi *banyiginya*, trop heureux de bénéficier de l'appui européen pour réduire à merci des populations qui leur avaient toujours résisté. En 1912, la répression d'une révolte y fut terrible.

La politique de Kandt, qui était probablement la seule possible avec seulement quelques administrateurs à sa disposition, ne faisait pas non plus l'unanimité chez les Allemands. Le même débat entre pro- et anti-Tutsi se retrouve chez les missionnaires luthériens, arrivés en 1907, et chez les officiers. Pendant un congé de Kandt en Europe, celui qui assurait son intérim écrivait à ses supérieurs, en 1914 :

> «Une profonde aigreur des Wahutu contre la domination Watussi se ressent dans tout le pays. Selon moi, c'est seulement là que réside pour nous un danger, que nous ne pouvons certainement pas prévenir en nous contentant de mettre nos fusils au service des Watussi [...] je ne suggère pas ainsi de rompre avec le système de la Résidence et de la domination Watussi, mais seulement de conduire progressivement le système d'autorité à des formes qui tiennent compte de nos propres intérêts, au contraire du système actuel qui nous rend impopulaires en privant 97 % de la population de tout droit au profit d'une tribu régnante.»

La Première Guerre mondiale ne laissa pas aux Allemands le temps de choisir une autre politique. En 1916, les Belges conquirent le Rwanda et le Burundi, qui allaient devenir le «Ruanda-Urundi», territoire sous mandat de la Société des Nations, confié à la Belgique. Comme le *mwami* et ses chefs *banyiginya*, qui n'avaient pas eu lieu de se plaindre des Allemands, au contraire, avaient aidé ceux-ci pendant le conflit, le changement de maîtres se présenta fort mal pour eux. Le *mwami* Musinga fut même brièvement emprisonné. Des chefs tutsi furent destitués au profit de Hutu. Quelques Pères Blancs anti-Tutsi en profitèrent pour reprendre leur politique, d'autant que des tâches de gouvernement civil leur furent confiées par les Belges. Comprenons bien que ceux-ci ne connaissaient rien aux territoires occupés. Tout naturellement, ils se tournaient vers les Pères Blancs qui y vivaient depuis 1900. Plus précisément, ils s'adressèrent, non pas à l'ensemble des Pères, qui leur eussent fait entendre des sons de cloches dissonants, mais à leurs seuls supérieurs, Mgr Hirth et surtout son vicaire Mgr Classe, tous deux pro-Tutsi.

Dans le cas de Mgr Classe, c'est de fascination dont il faut parler. Selon lui, comme il l'écrivit à de nombreuses reprises, les Tutsi, de race hamite et originaires d'Egypte, avaient conquis les Hutu de race bantou depuis trois cents ou trois cent cinquante ans. Il disait d'eux :

> «Les Batutsi ont pour eux le savoir-faire, le tact, des manières que n'ont pas les Bahutu plus frustes et plus timides. Ils ont encore un sens réel du commandement, qui se remarque même chez des enfants de quatorze ou quinze ans. Le Muhutu, lui, est travailleur, plus tenace, mais moins dégrossi.»

On retrouve dans cet extrait la vieille idée aristotélicienne qui était normale pour la plupart des prêtres : le sens du commandement se transmettait par le sang, idée typique de la pensée raciste, qui suppose l'hérédité à la fois physique et morale. Interrogé à plusieurs reprises sur la politique à mener, Mgr Classe conseilla donc à chaque fois – de manière cependant plus nuancée qu'on ne le dit trop souvent – de s'appuyer sur les chefs tutsi *banyiginya* comme l'avaient fait les Allemands, dans le cadre d'un régime d'administration indirecte. Et les Belges appliquèrent ce système.

Du moins en apparence. En fait, l'administration belge fut, selon les dires d'un de ses agents, «la plus "directe" qu'il soit possible d'imaginer», car elle légiféra sur tout jusque dans les moindres détails, abandonnant aux chefs tutsi le rôle d'exécutants. Comment pourrait-on parler d'administration indirecte, alors que la Belgique bouleversa les structures de pouvoir pour construire un espace politique homogène ? Les derniers petits royaumes hutu qui existaient encore dans les frontières actuelles du pays furent supprimés, y compris par les armes. Et, à partir de 1926 et plus encore dans les années trente, l'administration créa des circonscriptions homogènes, organisées selon un système pyramidal dont la logique centralisatrice et spatiale n'avait rien à voir avec les anciennes divisions rwandaises qui, elles, étaient enchevêtrées, mouvantes, superposées les unes aux autres, et liées à des relations interpersonnelles.

Comment parler d'administration indirecte quand le *mwami* Musinga fut déposé en 1931 par l'autorité coloniale, à l'instigation de Mgr Classe qui lui en voulait de refuser la conversion au catholicisme ? Le *mwami*, faute d'avoir endossé le rôle de nouveau Clovis, fut remplacé par son fils Rudahigwa, beaucoup plus docile – et catéchumène. À la tête des nouvelles circonscriptions (chefferies et sous-chefferies) furent nommés uniquement des Tutsi issus des grandes familles de la cour du Rwanda central, au départ des «chefs» venus de l'ancien régime, peu à peu remplacés par les «fils de chefs», suivant la terminologie de l'époque, formés à l'école européenne. Alors qu'au début du siècle existait une proportion non négligeable de notables hutu, la quasi-totalité des postes d'encadrement fut donc confiée aux seuls nobles tutsi *banyiginya* par le pouvoir colonial. En particulier, les chefs des lignages *bakonde* (défricheurs) du Nord-Ouest, indépendants en 1900, perdirent leur autorité au profit des envahisseurs venus du Sud.

L'ASSIMILATION DE L'IDÉOLOGIE RACISTE PAR LES ÉLITES LOCALES

La politique coloniale belge aboutit à un système qui reposait, d'un côté, sur la collusion la plus totale entre l'administration et l'Eglise catholique. Le rôle de Mgr Classe dans la destitution du *mwami* Musinga en constitue l'exemple le plus étonnant. Les Pères Blancs eurent, de façon plus générale, leur mot à dire pour toute décision importante. En outre, jusqu'aux années 1950, l'essentiel des soins médicaux et de l'enseignement primaire fut confié aux catholiques, largement subventionnés par le gouvernement, quitte à falsifier le budget des territoires sous mandat pour dissimuler à la Société des Nations que les protestants, soupçonnés de favoriser l'influence anglo-saxonne, étaient systématiquement pénalisés. Devant la puissance de l'Eglise, les chefs tutsi comprirent vite que leur intérêt était de se convertir et d'entraîner leur clientèle avec eux. Il en résulta ce que l'on nomma «la tornade», un mouvement de conversion massif qui fit la fierté de Mgr Classe, mais qui demeura globalement superficiel et intéressé, même si la sincérité de certaines conversions ne saurait être mise en doute.

De l'autre côté, le système colonial belge reposait sur l'utilisation de chefs tutsi *banyiginya* comme courroies de transmission. Ce point revêt la plus haute importance. Dans les régions où ils détenaient l'autorité, les *banyiginya* ne se comportèrent jamais en enfants de chœur, ni avant, ni pendant la colonisation : leur cruauté est avérée par les traditions orales et par les récits émanant des victimes comme des bourreaux. Cependant, avant la colonisation, en temps normal, un notable tutsi ou hutu devait savoir ne pas aller trop loin, car en cas contraire ses sujets risquaient de jouer un autre notable contre lui, ou plus simplement de partir s'installer dans une autre région pour échapper à la tyrannie. Le pouvoir royal, d'une extrême complexité autrefois, s'appuyait sur l'entretien d'une rivalité constante entre les chefs, qui exerçaient l'autorité sur les habitants de circonscriptions emboîtées les unes dans les autres, et, plus habile encore, superposées les unes aux autres parce qu'existaient trois types de chefs (du sol, des hommes, des pâturages) qui s'épiaient sans cesse, et qui étaient encore épiés par d'autres personnes dépendant directement du *mwami*. Chacun des chefs pouvant à tout moment se voir dépossédé de son commandement, des freins étaient mis aux corvées et prélèvements exigés de leurs sujets.

À partir du moment où les Allemands, puis les Belges, soutinrent et étendirent le pouvoir des Tutsi *banyiginya*, les relations sociales changèrent de nature, il n'y eut plus de freins. En particulier dans le Nord, chez les *bakiga*, les chefs venus du Sud purent s'en donner à cœur joie sans risque et se venger de ces éternels rebelles en leur faisant bien sentir qui commandait désormais. Leur arrogance n'eut plus de bornes. De surcroît, la nouvelle organisation administrative belge bouleversa la donne : plus de rivalités entre chefs, puisque chacun fut dorénavant pleinement responsable de sa circonscription. Le chef pouvait donc agir à sa guise, tant que l'administration n'en apprenait pas trop sur les exactions qu'il commettait.

L'impopularité croissante, et méritée, qui en résulta pour les notables tutsi se doubla de celle liée à la colonisation, dont le poids retomba sur leurs épaules. Assurément, les chefs en profitèrent, car les prestations qu'ils reçurent de leurs administrés augmentèrent, du fait notamment de leur codification par les Européens, qui ne comprirent pas à quel point elles étaient variables auparavant. Mais s'agissait-il de faire rentrer les impôts, d'organiser des corvées pour construire des routes ou des bâtiments, de creuser des fossés anti-érosifs, d'imposer de nouvelles cultures comme le café ou le manioc ? C'était aux chefs qu'il revenait d'exécuter le programme sans avoir été consultés sur son utilité ou sur la possibilité même de sa réalisation, parfois très discutable. Un bon chef était celui qui appliquait les consignes des Belges, et les coups pleuvaient sur le dos de ses administrés par l'intermédiaire des aides chargés d'appliquer les ordres dans chaque voisinage, surnommés les «aboyeurs», d'une particulière impopularité – leur absence au Burundi pourrait d'ailleurs rendre compte d'une situation sociale moins tendue à la fin de la colonisation.

En revanche, quand les abus dépassaient les bornes, c'étaient les administrateurs belges, souvent informés par les Pères Blancs, qui déplaçaient ou révoquaient le chef ; quand survenait une famine, c'étaient les Européens qui organisaient les secours ; quand quelqu'un était malade, c'était chez les Blancs qu'il allait se faire soigner. Les colonisateurs avaient donc le beau rôle, tandis que les chefs tutsi et leurs auxiliaires devenaient, bien davantage que par le passé, les personnages les plus exécrés du pays, en particulier chez les *bakiga* qui avaient toujours refusé l'autorité des Tutsi *banyiginya*.

En raison du racisme ordinaire de la plupart des colonisateurs et missionnaires de l'époque, personne ne paraît avoir été choqué par une nouveauté dont, il est vrai, on ne pouvait guère prévoir la funeste portée. Dans les années trente fut en effet généralisé l'usage d'un livret qui avait pour but de recenser tous les mâles adultes valides, c'est-à-dire tous les contribuables. L'administration voulait pouvoir contrôler que chacun avait acquitté ses impôts. Conformément aux instructions de la bible des administrateurs, le *Recueil à l'usage des fonctionnaires et des agents du Service territorial au Congo Belge*, on ajouta sur ces livrets la mention de l'appartenance «raciale» hutu, tutsi, ou twa. Le modèle avait en effet été conçu pour le Congo, un pays comptant de nombreuses ethnies différentes, appelées «races» ou «tribus» à l'époque. Hutu, Tutsi et Twa étant eux aussi pensés comme des races, la logique bureaucratique coloniale imposait la reprise du même modèle au Rwanda qui, lui, ne comportait qu'une ethnie, au sens propre. Un seul élément de ce qui constituait traditionnellement l'identité sociale se trouvait ainsi isolé. Les Rwandais commencèrent donc à prendre l'habitude de se définir en ces termes auprès des Européens. Sur le coup, cette nouveauté n'eut pas de conséquences au sein de la société rwandaise, qui continua de penser l'identité sociale selon ses habitudes.

Il en alla tout autrement chez les élites, victimes de l'idéologie «hamite» propagée par les prêtres dans l'enseignement. Car la formation des élites revint dans sa totalité aux catholiques : le Groupe Scolaire d'Astrida (Butare), construit sur fonds publics, fut tenu par les Frères de la Charité de Gand. Là étaient éduqués les futurs chefs et leurs auxiliaires. On n'y admettait pratiquement que des enfants tutsi des grands lignages, sur ordre des autorités coloniales. Les autres, quand ils étaient suffisamment doués, ne pouvaient prolonger leurs études qu'en allant au séminaire des Pères Blancs, où l'on se montrait plus ouvert à l'admission de Hutu. Coupés de leur famille, les élèves y apprenaient la vision historique que les missionnaires avaient de la société rwandaise. Les Pères Blancs, forts de leur connaissance de la langue et des coutumes, avaient en effet construit un savoir passé au prisme de leurs conceptions religieuses et sociales, aux fins de propagande. Mgr Classe encouragea ainsi le Père Pagès à écrire *Un royaume hamite au centre de l'Afrique*, qui fut publié par l'Institut Royal Colonial Belge.

Cet ouvrage dense était d'un accès assez difficile. Aussi, dans un souci de propagande plus large, Mgr Classe fit-il venir au Rwanda son ami le chanoine Louis de Lacger, pour rédiger ce qui allait devenir le livre consulté par toute personne désireuse de s'informer sur le pays, *Ruanda*, paru avant la guerre et réimprimé par la suite – on pouvait toujours l'acheter dans les procures rwandaises pendant les années quatre-vingt. Le chanoine put consulter les archives de l'évêché. Comme il ne parlait pas la langue rwandaise, il transcrivit le savoir de Mgr Classe, avec tous ses *a priori* et le schéma historique raisonnant par invasions successives.

Le Rwanda était donc caractérisé comme un royaume «hamite» comportant trois races, appelées aussi castes, classes ou groupes ethniques, mots synonymes dans l'esprit des prêtres de l'époque: les «pygmées» twa, véritables autochtones, auxquels étaient venus s'ajouter les agriculteurs bantous, les Hutu, «formant le gros du peuple», avant que les Tutsi, «élite sociale, possédant richesse, prestige, pouvoir [...] des gens de haute mine et qui en imposent [...] des magnats [...] des hommes nés pour le commandement» n'arrivent d'Abyssinie en poussant leurs troupeaux de vaches devant eux, guère «au-delà du XVe siècle». Outre les nombreuses références bibliques, toute l'histoire du pays était ensuite pensée sur le modèle de la France médiévale telle qu'on se la représentait à l'époque. L'existence de ceux que le chanoine nommait péjorativement les «roitelets» hutu n'était certes pas cachée, mais «l'unité rouandienne» était présentée comme ayant été accomplie par la «royauté hamite» à partir de «l'Ile-du-Ruanda», selon le même processus de conquêtes qui avait permis aux rois de France de réaliser l'unité française à partir de l'Ile-de-France. Et la société rwandaise contemporaine était décrite comme une société féodale dont le *mwami*, souverain mérovingien, donnait à ses vassaux et vavassaux des fiefs où les Hutu étaient les serfs de leurs seigneurs tutsi. Cette société aux structures considérablement altérées par la colonisation était ainsi «féodalisée».

Depuis lors, on n'a plus cessé de présenter les Tutsi comme des «Hamites», «Ethiopides» ou «Nilotiques», et des «féodaux». À force de se répéter, un discours totalement hypothétique avait acquis la force des certitudes scientifiques. Et il l'acquit aussi auprès des élèves rwandais, qui l'apprenaient sur les bancs du Groupe Scolaire d'Astrida comme du séminaire. On n'imagine pas la puissance dont l'écrit peut être investi dans une société de tradition orale. Si des gens aussi instruits et puissants que les prêtres et les administrateurs écrivaient de telles choses, celles-ci ne pouvaient qu'être l'exacte vérité, et peu importait qu'aucune tradition orale n'évoquât la conquête des «Hamites».

Le premier historien rwandais, l'abbé Kagame, eut beau jeu de se référer explicitement aux livres du Père Pagès et du chanoine de Lacger quand le *mwami* Rudahigwa le chargea d'écrire en langue rwandaise un ouvrage nationaliste célébrant la royauté, intitulé *Inganji Karinga* (Kalinga victorieux, du nom du tambour symbolisant la royauté). Imprimés en 1943 et 1947 par les Pères Blancs, ces deux volumes racontaient les conquêtes de la dynastie et reprenaient l'idée d'une origine éthiopienne des Tutsi pour exalter leur fierté, en la prouvant, non par des traditions orales, mais par de hasardeux rapprochements entre coutumes, suivant la méthode historique des Pères Blancs. Les Tutsi éduqués surent désormais qu'ils étaient une race supérieure venue d'Abyssinie. Mais les intellectuels hutu apprirent eux aussi ce discours.

LE LÂCHAGE DES CHEFS TUTSI PAR LES EUROPÉENS

Or, la domination des Tutsi *banyiginya* n'avait jamais été bien acceptée, surtout dans les régions où elle ne s'exerçait pas avant la colonisation. Les archives belges en font état, avec par exemple une révolte en 1928 à la frontière ougandaise, menée par un «Tutsi» *muhima* (singulier de *bahima*, peuple vivant dans le nord du Rwanda et surtout en Ouganda, considéré comme tutsi par les colonisateurs). Le malaise s'exprima en public dans les années cinquante. Les Belges décidèrent alors de prendre des mesures pour s'acheminer vers une démocratisation, sous la pression de l'ONU, mais aussi parce qu'arrivaient de nouveaux administrateurs. Selon l'historien Ian Linden, des fonctionnaires flamands, qui subissaient mal la domination wallonne en Belgique, se seraient identifiés aux paysans hutu opprimés par leurs «seigneurs» tutsi. À mon sens, c'est plutôt un phénomène de génération qui joua. La mentalité des agents coloniaux n'était plus la même, d'autant que nombre d'entre eux avaient durement vécu l'occupation allemande, et qu'ils virent un parallèle entre l'idéologie nazie et celle des nobles tutsi, qui avaient repris le racisme européen à leur compte.

Ainsi, dans un livre paru en 1956, auquel la participation du gouverneur donnait un caractère quasi officiel, le chef du bureau des Affaires indigènes et de la Main-d'œuvre à Bujumbura dénonçait les manipulations idéologiques des Tutsi. Après avoir cité le célèbre conte de Gihanga, père de Gatutsi, Gahutu et Gatwa, et la manière dont Gihanga avait assigné leur rôle aux descendants de chacun d'entre eux, il commentait :

> «Cette sentence quasi divine, cette hypothèse d'une souche commune aux trois ethnies du pays sont des artifices trop habiles pour ne pas être relevés. C'est l'ap-

plication avant la lettre du fameux slogan : "Ein Land, ein Volk, ein Führer". [...]

De même, la cérémonie du "muganuro", la fête des prémices du sorgho, semble bien être un élément de la civilisation des planteurs [les Hutu]. Avec une volonté têtue de refaire l'histoire et de l'utiliser à la démonstration de leurs thèses politiques – nazisme et communisme n'ont rien inventé – les Batutsi ont également placé leur pouvoir et leur mwami à la source et au faîte de cette célébration de la terre nourricière de façon à faire apparaître le roi comme le père de la nation et le symbole même de sa vie.

Le responsable des affaires indigènes ne voyait pas que l'on aurait pu en dire autant de toutes les royautés dont l'autorité provient de croyances religieuses et mystiques.

Simultanément, de nouveaux Pères Blancs, formés à l'école de l'Action catholique, arrivaient au Rwanda. Eux aussi choqués par l'iniquité de la situation sociale, ils ne tardèrent pas à dénoncer les abus, d'autant que commençait à souffler au Vatican un nouvel esprit allant dans le sens de la décolonisation. Les relations presque filiales qui avaient existé entre le *mwami* Rudahigwa et Mgr Classe devinrent ainsi de plus en plus méfiantes avec les successeurs de ce dernier.

Le changement d'attitude des Européens survenait précisément au moment où les dirigeants tutsi *banyiginya* avaient intégré le discours européen sur leurs origines éthiopiennes et sur l'existence de trois races distinctes. Il faut bien comprendre que ces puissants Tutsi méprisaient à la fois les Hutu, les Twa et les autres Tutsi n'appartenant pas aux grands lignages royaux, mais aussi les Européens, dont ils avaient toujours pensé qu'ils finiraient par se débarrasser : ils n'avaient jamais souffert de complexe d'infériorité, loin de là. L'idéologie «hamite» n'avait fait que renforcer leur nationalisme et leur xénophobie, le racisme auto référentiel (nous sommes supérieurs aux autres) importé d'Europe étant venu se greffer sur la morgue traditionnelle de la noblesse. Se sentant trahis par les Européens, au premier rang desquels les Pères Blancs, ils agitèrent les spectres du communisme, du protestantisme, voire de l'Islam.

Rien ne pouvait être plus maladroit : ces menaces effrayaient les administrateurs – rapidement dépassés par les événements – comme les prêtres catholiques, qui, avec Mgr Perraudin (évêque à partir de 1956), s'empressèrent d'oublier les responsabilités de leurs prédécesseurs dans l'instauration d'un système inique pour soutenir les revendications hutu. Puisque l'élite tutsi rejetait les Européens, il suffisait de pousser en avant une nouvelle élite hutu. Elle était bien-pensante, car formée au séminaire. Suffisamment qualifiée pour occuper des postes d'encadrement, elle était aigrie parce que l'administration réservait toutes les places aux seuls Tutsi nobles. La logique aurait voulu que l'on s'en prît aux Belges, responsables de cet état de fait, mais les leaders hutu, soutenus par des Pères Blancs, se tournèrent contre les Tutsi, contre ceux dont les Pères leur avaient appris qu'ils appartenaient à une race étrangère. De même que le mythe des origines franques de la noblesse française s'était retourné contre elle en 1789, de même le mythe des origines égyptiennes ou éthiopiennes que les Tutsi *banyiginya* avaient adopté allait leur revenir en pleine face.

Les manipulations politiques de la prétendue «ethnicité»

En 1956, les premières élections de conseils représentatifs au suffrage universel masculin donnèrent la majorité aux Hutu dans les conseils de sous-chefferies. Cependant, le scrutin indirect permit aux dirigeants tutsi d'inverser le résultat dans les échelons supérieurs des instances représentatives. La majorité était confisquée, mais l'élite hutu prenait conscience de sa force. L'élite tutsi, comprenant que sa situation était fragile, réclama un accroissement de ses prérogatives en vue d'obtenir au plus vite l'indépendance du pays. En réponse, l'administration et les évêques catholiques du Ruanda-Urundi dénoncèrent publiquement les tendances des chefs aux abus de pouvoir, tandis que des Pères Blancs encourageaient en sous-main la fondation d'un parti hutu démocrate-chrétien. Les deux élites, hutu et tutsi, allaient s'affronter.

LA LUTTE DE DEUX ÉLITES POUR LE POUVOIR

Le problème social s'exprima publiquement par la publication du *Manifeste des Bahutu*. Ecrit en mars 1957, il reprenait aux Européens la représentation des Tutsi comme membres de la «race hamite», et présentait le problème social comme un problème racial:

> «D'aucuns se sont demandés s'il s'agit là d'un conflit social ou d'un conflit racial. Nous pensons que c'est de

la littérature. Dans la réalité des choses et dans les réflexions des gens, il est l'un et l'autre. On pourrait cependant le préciser : le problème est avant tout un problème de monopole politique dont dispose une race, le mututsi ; monopole politique qui, étant donné l'ensemble des structures actuelles devient un monopole économique et social ; monopole politique, économique et social qui, vu les sélections de facto dans l'enseignement, parvient à être un monopole culturel [...] il ne s'agit évidemment pas de rétablir la vieille coutume de l'ennoblissement des bahutu. Quant aux fameux métissages ou "mutations" de bahutu en hamites, la statistique, une généalogie bien établie et peut-être aussi les médecins, peuvent seuls donner des précisions objectives.»

Le *Manifeste* énumérait seize demandes de réformes, la première étant de cesser de considérer que les élites pouvaient venir des seuls «rangs hamites» ; une autre exigeait que «l'on se rapporte aux mentions de livrets d'identité pour respecter les proportions» de Tutsi et de Hutu dans l'enseignement secondaire, allant jusqu'à s'opposer formellement «à la suppression dans les pièces d'identité officielles ou privées des mentions "muhutu, mututsi, mutwa"» par crainte d'une sélection voilée.

Les élèves avaient bien appris la pensée raciste de leurs maîtres, au point d'en appeler aux médecins pour déterminer qui était hutu et qui était tutsi, alors que cet élément de l'identité sociale était purement culturel. Par anti racisme, l'élite hutu avait adopté le racisme biologique et l'anti hamitisme. Certains chefs tutsi virent le danger, à commencer par le *mwami*, qui se serait ému que «certaines personnes peu ou mal informées répètent ou écrivent volontiers que les Batutsi sont venus en conquérants, ont spolié les Bahutu de leurs terres et les ont maintenus à un rang inférieur». Mais comment croire celui qui avait poussé l'abbé Kagame à écrire *Inganji Karinga*? Le Conseil Supérieur du Pays, aux mains des Tutsi, demanda aussi la suppression des mentions, Hutu, Tutsi, Twa, sur les livrets d'identité. Mais certains notables réagirent au *Manifeste des Bahutu* par un texte méprisant qui reprenait les thèses d'*Inganji Karinga* et légitimait les prérogatives tutsi par le droit de conquête :

> «Les relations sociales entre nous et eux ont été de tous temps jusqu'à présent basées sur le servage ; il n'y a donc entre eux et nous aucun fondement de fraternité. [...] Puisque nos rois ont conquis les pays des Hutu en tuant leurs monarques et ont ainsi asservi les Hutu, comment maintenant ceux-ci peuvent-ils prétendre être nos frères ?»

En même temps, d'autres dirigeants tutsi proclamèrent auprès de l'administration ce qui était généralement exact sur le plan historique, du moins pour certaines régions : la ligne de démarcation entre Hutu et Tutsi n'avait jamais été rigide, il y avait eu des chefs hutu, les Tutsi pauvres devenaient hutu, le servage – c'est-à-dire les corvées – était venu avec l'administration belge ; ils remarquaient enfin fort justement que seuls les missionnaires et administrateurs avaient limité aux fils de chefs l'accès à l'école formant les cadres. Mais ils ne s'en étaient pas émus auparavant, quand le système leur profitait.

Il était trop tard, d'autant qu'ils se discréditaient en tenant un double langage puisqu'ils continuaient à accaparer le pouvoir, même si certains d'entre eux étaient sincères. Le conflit entre les dirigeants rwandais et la Belgique s'envenima quand l'administration refusa de doter le pays d'un établissement universitaire. Les dignitaires tutsi dénoncèrent alors de façon de plus en plus virulente le colonialisme belge, et ils s'appuyèrent sur l'ONU et sur certains pays socialistes pour tenter d'obtenir l'indépendance afin de préserver leur monopole du pouvoir. En face d'eux, l'élite hutu et des Tutsi modérés, patronnés par l'Eglise et l'administration, cherchaient à obtenir d'abord la fin du «régime féodal» tutsi avant l'indépendance.

Dans cette course de vitesse, l'opposition se radicalisa. À l'automne 1959, des manifestants du parti royaliste furent blessés par les forces de l'ordre, et l'un d'entre eux mourut. Les extrémistes tutsi appelèrent à assassiner les leaders hutu, qualifiés de «serpents à écraser». À la Toussaint, le bruit s'étant répandu que l'un de ces leaders avait été tué, le pays s'embrasa: quelques milliers d'habitations de Tutsi furent incendiées, plus particulièrement chez les *bakiga*. Il y eut des morts des deux côtés, et environ sept mille réfugiés tutsi, car, de même que Sieyès disait aux nobles de retourner en Franconie puisqu'ils se prétendaient francs, des hommes politiques hutu intimèrent l'ordre aux Tutsi de retourner en Abyssinie, terre supposée de leurs ancêtres. En réaction à ces événements, les monarchistes tutsi tuèrent des leaders hutu dans le Sud.

Mais attention : il serait faux de dire que *les* Hutu affrontèrent *les* Tutsi. Le racisme ne s'était pas encore diffusé hors des élites à l'époque, et la situation fut extrêmement variable d'une région à l'autre. Dans le Nord, où ils avaient à cœur de se venger des envahisseurs, les Hutu *bakiga* se montrèrent les plus acharnés contre les Tutsi *banyiginya* originaires du Sud. Mais ailleurs, on vit Hutu et Tutsi faire front commun contre des Hutu *bakiga* venus propager l'incendie, ou des Hutu incendier les maisons des chefs tutsi en étant néanmoins convaincus d'agir pour le *mwami*, et les Tutsi visés étaient surtout la minorité de ceux qui étaient impliqués dans le système colonial, les nobles perçus comme des parasites nuisibles par les autres Rwandais.

Après ces événements, le Rwanda fut placé sous l'autorité d'un militaire, qui rétablit l'ordre. Pendant que les dirigeants tutsi accusaient la Belgique de génocide à l'ONU et y intriguaient pour obtenir le remplacement des Belges par des Casques Bleus, l'administration coloniale favorisait les visées de l'élite hutu. Les élections communales de 1960 donnèrent une majorité écrasante aux deux partis qui se présentaient comme les défenseurs des Hutu, la République fut proclamée en 1961, avec Grégoire Kayibanda comme chef du gouvernement, et la Belgique accorda l'indépendance l'année suivante.

Certains ont parlé de «révolution sociale» par analogie avec la Révolution française : ce fut plutôt une révolution de palais qui préserva les intérêts de la Belgique et de l'Eglise catholique en évitant tout procès du colonialisme. À une élite composée de vieux chefs tutsi *banyiginya* et de leurs fils formés par les

Frères de la Charité au Groupe Scolaire d'Astrida, succéda une élite hutu formée au séminaire par les Pères Blancs. Le racisme des nobles tutsi contre les Hutu s'exerça désormais en sens inverse, malgré les protestations de Hutu modérés, qui furent éliminés du jeu politique dans les premières années de la jeune république.

NAISSANCE DES COMMUNAUTÉS DE LA PEUR

Le nouveau racisme des Hutu à l'encontre des Tutsi, ce racisme inversé d'anti racistes, n'a fait que se répandre en se radicalisant au long des années, avec la diffusion du discours «ethniste» qui présente Hutu et Tutsi comme deux ethnies différentes, là où ses tenants pensent en réalité à des races. Le fait marquant est que les politiciens ont réussi à opérer l'amalgame entre les anciens chefs tutsi *banyiginya* et les autres Tutsi. Quand on parle de Tutsi, on entend aujourd'hui à la fois les nobles et ceux que les Européens nommaient les «petits Tutsi». Mais en 1959, seule une minorité profitait du pouvoir: les Tutsi des lignages associés à la royauté. Le gouverneur général Harroy en a évalué le nombre à dix mille au grand maximum, en incluant tous les cadres et leur famille. En 1914, le Résident allemand disait que 97 % de la population étaient dominés par les Tutsi. Ces derniers ne composaient donc que 3 % de la population. Toutes les pièces d'archives indiquent des pourcentages de cet ordre, entre 2 et 5 %, ou des chiffres de quelques ou plusieurs dizaines de milliers de personnes, donc une petite minorité. Et pourtant, à la fin de la période coloniale, les études démographiques, alors relativement fiables, indiquaient une proportion de 16 à 17,5 % de Tutsi, au grand étonnement des Belges.

D'où venait la différence ? De l'oubli, quasi systématique chez les Européens, des Tutsi autres que les nobles des grands lignages royaux. Mgr Classe l'avait écrit à plusieurs reprises : «En général, quand on parle des Batutsi, on pense trop uniquement aux grands chefs Batutsi, qui ne constituent qu'une aristocratie très restreinte.» Le mot «Tutsi» ne signifiait pas «noble» – «nobles» se dit *mfura* –, et les nobles tutsi étaient une minorité parmi les minorités tutsi. Face aux dix mille privilégiés de 1959, des centaines de milliers d'autres Tutsi avaient souffert autant ou à peine moins que les Hutu du joug des membres de leur catégorie identitaire.

On ne versera pas trop de larmes sur le sort des premiers, responsables de l'administration coloniale, quand ils furent chassés en 1959. Leurs exactions sont avérées, et ils n'auraient pas fait de cadeau s'ils étaient restés au pouvoir. La situation était cependant paradoxale : tandis que les autres Tutsi allaient payer par l'exil, ou de leur vie, les crimes des chefs ou les raids armés menés par ceux-ci pour reprendre le contrôle du pays, les principaux responsables de l'oppression coloniale, Belges et missionnaires, restaient des amis du Rwanda.

L'amalgame des divers types de Tutsi n'aurait peut-être pas été possible sans la présence, au sud, de ce faux jumeau qu'est le Burundi. Contrairement à ce que l'on pourrait penser, la société burundaise était différente de la société rwandaise au début du siècle. Elle fut transformée sur le modèle de son voisin par l'action conjointe des Belges et des missionnaires, afin de faire un seul pays du Rwanda et du Burundi, d'ailleurs en vain : au moment de l'indépendance, des Tutsi gardèrent le pouvoir au Burundi. La coexistence d'un pouvoir exercé par des Hutu au Rwanda et d'un pouvoir aux mains de Tutsi au Burundi créa, à cause des massacres périodiques menés contre Tutsi ou Hutu de part et d'autre de la frontière, ce que l'on a appelé les vases communicants de la haine.

Lors de plusieurs événements meurtriers, l'opposition Hutu/Tutsi se radicalisa des deux côtés, avec un nombre croissant de victimes. Au Rwanda, peut-être deux cents tués en 1959 ; peut-être dix fois plus en 1961-1962 lors des premiers raids d'*Inyenzi* («cancrelats», nom donné aux combattants royalistes tutsi, parce qu'ils sortaient la nuit) qui entraînèrent des «représailles» aveugles et l'exode de Tutsi innocents craignant pour leur vie ; peut-être quinze ou vingt mille Tutsi massacrés fin 1963 et début 1964, lors des premières tueries qualifiables d'actes de génocide, après que les *Inyenzi* faillirent prendre la capitale ; d'autres pogromes en 1973, puis de nouveaux actes de génocide après l'attaque du Front Patriotique Rwandais en 1990, pour aboutir aux cinq cent mille à un million de Rwandais exterminés en 1994. Face aux crises et massacres de 1963-1964, 1973, 1990, 1994, celles et ceux de 1965, 1972, 1988, 1993, et depuis 1995 au Burundi voisin.

Que l'on me pardonne cette image, mais chaque fois que la peste touche l'un des deux pays, l'autre ne tarde pas à attraper le choléra. Car les réfugiés propagent dans leur pays d'accueil le récit des atrocités commises par haine raciale, et chacun craint d'être à son tour éliminé, jusqu'à ce que la peur d'être massacré déclenche un massacre préventif de l'autre, un phénomène que René Lemarchand a nommé la «prophétie auto réalisante». Ainsi, après les massacres de Tutsi rwandais au début des années soixante, les Tutsi du Burundi en vinrent à craindre le même sort et durcirent leur pouvoir à partir de 1965, engendrant en retour la peur des Hutu burundais qui finirent par attaquer des Tutsi en 1972, déclenchant alors un génocide dont le but était d'éliminer les élites hutu – il y aurait eu cent à deux cent mille victimes. Massacrer avant d'être massacré. Un cercle vicieux de la peur et de la vengeance, entretenu par l'impunité. C'est ce cercle vicieux qui a constitué, depuis la décolonisation, Hutu et Tutsi en deux groupes qui existent objectivement. Désignés comme des ethnies par ceux qui trouvent un intérêt politique à le faire, ou par des personnes ignorant le sens de ce mot, Hutu et Tutsi ne sont pas des ethnies, mais des communautés unies par la peur de l'autre, qui débouche sur la haine.

Voilà pourquoi, afin d'éviter toute confusion avec d'autres types de communautés, j'ai proposé de les nommer «communautés de la peur», cristallisées par la peur et par le racisme hétérophobique (qui a peur de l'autre) – alors que le premier racisme né au Rwanda, celui des nobles instruits à l'école européenne, était auto référentiel (nous sommes la race supérieure). Ces communautés de la peur ont aujourd'hui une existence sociale on ne peut plus réelle, tandis que le mot «Tutsi» a largement perdu son ancien sens de catégorie identitaire. Mais, alors que les suprématistes tutsi détenant le pouvoir au Burundi ont souvent nié toute différence entre Hutu et Tutsi pour mieux monopoliser les postes, tout en agitant en sous-main le spectre de la menace hutu afin d'obtenir le soutien d'autres Tutsi unis derrière eux par la peur, chez les dirigeants du Rwanda, les Tutsi étaient clairement désignés comme une race ou une ethnie dangereuse.

LA DIABOLISATION DES TUTSI

C'est que l'amalgame entre toutes les catégories de Tutsi était politiquement utile, parce qu'il créait un bouc émissaire permettant de faire oublier les problèmes réels. La peur n'a pas monté toute seule : les dirigeants rwandais l'ont stimulée pour l'utiliser. Au début des années soixante, les partis modérés furent éliminés grâce aux raids des *Inyenzi*, dont le coup audacieux de la fin 1963 assura la survie du régime en place jusqu'en 1973. Le président Habyarimana, qui prit alors le pouvoir, recourut à la même tactique de la peur pour conserver son poste pendant les dernières années de son règne. On retrouve des manœuvres similaires au Burundi. À chaque fois, la création d'un ennemi commun a permis d'unir une fraction de la nation autour d'un chef de l'Etat usé.

Depuis l'indépendance a été martelée l'idée que Hutu et Tutsi formaient deux races en guerre, en utilisant des médias de plus en plus sophistiqués – le plus tristement célèbre étant Radio Mille Collines en 1994. Si, en 1959, les paysans faisaient toujours la différence entre les Tutsi *banyiginya* et les autres catégories de Tutsi, le racisme restant réservé aux élites éduquées par les Européens, il n'en allait plus de même en 1994 : vieille de plus de soixante ans, la mention, Hutu, Tutsi, Twa, sur la carte d'identité avait pris de la force ; à cause de la faible espérance de vie, les dernières personnes qui avaient connu la société précoloniale étaient mortes et ne pouvaient plus expliquer aux jeunes ce qu'était un Tutsi dans leur région ; élèves et étudiants avaient appris le schéma raciste depuis plusieurs générations déjà, et y croyaient très souvent dur comme fer. La théorie de la dualité nationale avait triomphé. L'amalgame des Tutsi était devenu plus facile.

Il est politiquement si pratique d'avoir un ennemi à désigner à la vindicte publique, surtout lorsqu'il est à la fois extérieur et intérieur ! Juifs, Jésuites et Francs-Maçons ont joué ce rôle en Europe, comme l'a montré Léon Poliakov dans *La causalité diabolique.* À partir du moment où l'on assimilait les Tutsi nobles émigrés qui avaient gouverné pendant la colonisation et les autres Tutsi qui n'avaient rien fait, le bouc émissaire était tout trouvé. Depuis des années vivaient en exil des Tutsi (environ six cent mille en 1994, semble-t-il) dont la majorité n'avaient rien à voir avec les chefs chassés en 1959, ou n'étaient que leurs descendants, innocents des exactions commises pendant la période coloniale – mais parfois avides de reprendre le pouvoir de leurs pères. Le régime rwandais leur refusa constamment le droit de rentrer dans leur pays.

L'affrontement était inévitable. En octobre 1990, le Front Patriotique Rwandais, essentiellement composé de Tutsi – même s'il a mis en avant quelques personnalités hutu –, attaqua le Rwanda, dont le régime corrompu semblait près du naufrage. L'intervention des parachutistes français permit de sauver ce régime, et le soutien de la France ne se démentit pas pendant quatre ans, ce qui rendit possible la préparation du génocide, au vu et au su des représentants locaux de l'ONU et des grandes puissances.

Puisque les Tutsi demeurés au Rwanda avaient l'identité tutsi, ils appartenaient à la même race ou ethnie que les attaquants du Front Patriotique. Il était aisé de dire qu'ils étaient plus dangereux encore, car, vivant à l'intérieur du pays, ils ne pouvaient qu'être la cinquième colonne du FPR. L'ennemi extérieur et l'ennemi intérieur ne faisaient qu'un. Et les Tutsi du Rwanda étaient mêlés au reste de la population. Dispersés dans tout le pays, ils étaient les voisins de chacun. Tous avaient en commun d'être des «Hamites». De plus, au sud, le Burundi restait contrôlé par ces mêmes «Hamites». On disait aussi que l'Ouganda était aux mains des «Hamites», et que l'ancien président tanzanien Julius Nyerere en était un. Comme les Juifs dans la propagande antisémite, les Hamites étaient partout, c'était un complot international visant à exterminer les Hutu, le complot hamite ou «hima» (du mot *bahima*, cette population considérée par les Européens comme faisant partie du groupe tutsi).

La diabolisation des Tutsi permettait de masquer la corruption des dirigeants et les dissensions régionales. En 1973, le pouvoir fut pris aux «gens du Sud», aux Hutu *banyanduga* («gens du Nduga»), par ceux du Nord, les Hutu *bakiga* («montagnards»). Au long des années, les clivages internes s'accentuèrent, jusqu'à ce que le lignage du président Habyarimana et surtout celui de sa femme accaparent les postes. Le diable tutsi, utile pour détourner l'attention sur ce point, permettait surtout de faire oublier que le pays s'enfonçait dans les problèmes économiques. En 1994, sur les 26.000 kilomètres carrés (environ quatre départements français) que compte le Rwanda s'entassaient presque 8 millions de personnes vivant essentiellement de l'agriculture. Il en résultait un manque de terres renforcé par une urbanisation très limitée. Quasiment pas d'industries ni de services pour fournir des emplois aux jeunes.

Au défi démographique, le régime, profondément catholique et ruralisant, n'avait rien à répondre : refus de l'urbanisation, et surtout refus du contrôle des naissances, des contraceptifs et autres préservatifs, rendu plus criminel encore à cause de l'épidémie de Sida qui frappait durement. Une politique suicidaire. Il fallait détourner l'agressivité qui montait, en particulier chez les jeunes, dépourvus de parcelle à cultiver. On allait retrouver dans les milices ces jeunes qui n'avaient rien à perdre, ce *Lumpenproletariat* qui exprima ses frustrations par la violence raciste. Aucun frein social ne les retenait contre les encouragements au massacre.

Pourquoi se gêner ? Les précédentes tueries n'avaient donné lieu à aucune action judiciaire. Impunité garantie ! Et dangereuse par là même si les Tutsi du FPR prenaient le pouvoir, car ils chercheraient à se venger. Une fois les tueries commencées, il fallait «finir le travail», comme le réclamait Radio Mille Collines, car si les Tutsi revenaient, ils massacreraient à leur tour sans pitié, et tous les témoins devaient être éliminés. Massacrer avant d'être massacré, toujours cette logique. Et si vous refusez de prendre part au massacre, c'est donc que vous êtes pour les autres, alors vous risquez d'être massacré comme «complice». En cela, le génocide de 1994 diffère de celui perpétré par les nazis. Ces derniers faisaient accomplir le «travail» par des troupes spéciales, tandis que le régime rwandais a cherché à faire participer tous les «bons Hutu», pour qu'ils craignent la vengeance, pour qu'ils aient peur. Mais tous les Hutu n'ont pas pris part au génocide, loin s'en faut, contrairement à ce que certains Tutsi essaient de faire croire.

L'ÉTAT CONTEMPORAIN ET LA SUPPRESSION DES LIEUX D'ASILE

Dans un pays d'habitat dispersé – les villages n'y ont jamais existé – mais extrêmement dense, où chacun connaît ses voisins et leur identité sociale, où l'Eglise et le parti au pouvoir ont mis en place des réseaux de contrôle très serrés, dans un pays où les rumeurs les plus folles peuvent circuler, où la radio et ses appels au meurtre pouvaient être partout entendus, le génocide fut accompli en quelques semaines, à partir de l'aube du 7 avril 1994.

Certains lieux ont été plus spécialement visés : les lieux ecclésiastiques. Or, jusqu'en 1994, églises, temples et installations annexes avaient servi de refuges à chaque épisode de violences, et ce droit d'asile était respecté. Un pasteur rapporte ainsi qu'en 1959, un fidèle tutsi était pourchassé par des Hutu : «quand il pénétra dans le terrain de la mission qu'aucune barrière n'entourait, ils lui crièrent : "Tu peux aller maintenant : tu as atteint Iman'ishimwe (Louez le Seigneur !)"», et ils le laissèrent en paix. Au contraire, les auteurs du génocide ne se sont pas contentés de ne plus reconnaître le droit d'asile : ils ont délibérément profané les lieux sacrés. Bien sûr, on doit prendre garde à ne pas surinterpréter un fait qui pourrait s'expliquer de manière simple. De nombreux Tutsi s'y étant réfugiés, il semble logique que ces endroits aient été pris pour cibles, parce que jeter quelques grenades dans les bâtiments permettait de tuer un maximum de personnes.

Néanmoins, les massacreurs auraient pu faire sortir les réfugiés, et les témoignages indiquent une nette volonté de marquer ces lieux du sang des victimes. Dans une société christianisée – en 1991, 88 % des Rwandais *se disaient* chrétiens –, perpétrer des boucheries de manière aussi systématique à l'intérieur des édifices religieux peut difficilement s'expliquer par les seules circonstances locales. Plusieurs facteurs sont susceptibles d'avoir joué, comme la surreprésentation des Tutsi au sein du clergé, ou le fait que les églises et leurs annexes étaient les seuls lieux de réunion publics, qui, en tant que tels, devaient voir l'accomplissement d'une volonté collective d'extermination. Le problème de l'abolition des interdits, qui se retrouve dans tant d'autres pratiques du génocide, apparaît important. Leur transgression était autrefois très rare, et punie par des calamités. Avec l'enseignement de l'Eglise, la croyance dans ces calamités a en grande partie disparu, et avec l'avènement concomitant de l'Etat, lui seul est devenu maître de décider des exceptions aux lois.

C'est une des manifestations de la modernité en politique, comme Giorgio Agamben le montre dans son remarquable *Homo sacer*. Massacrer en priorité dans les églises ne peut pas être réduit à la volonté de sacrilège. On voulait en finir avec le droit d'asile, pour prouver à tous que plus aucune enclave n'échappait à la souveraineté de l'Etat criminel. Autrefois, même une bête qui se réfugiait dans l'enclos d'une habitation était épargnée tant qu'elle y demeurait. Désormais, les Tutsi ne trouveraient plus asile nulle part. Pendant le génocide, les lieux, domaines de la vie sociale, sont devenus ce que G. Agamben appelle des espaces de la vie nue. Au lieu d'interdire la dislocation de la société, le gouvernement intérimaire rwandais de 1994 l'a organisée en supprimant les lieux qui lui échappaient depuis 1959 pour les transformer en des espaces d'une nature très particulière.

Certains semblent tentés de voir dans le génocide de 1994 une sorte de cérémonie sacrificielle, un fait sacré fondateur de la future communauté rwandaise. Mais il faut éviter à tout prix de surinvestir du sens dans les massacres, et se garder de toute interprétation leur donnant une dimension religieuse – de même, le terme «holocauste» appliqué à l'extermination des Juifs d'Europe devrait être évité. La religion et le sacré doivent être laissés à leur place, sauf à dire, comme le font des ecclésiastiques, que Satan menait le bal, et que les massacreurs n'étaient plus des hommes. C'est de société, de banalité du mal, et de souveraineté de l'Etat qu'il s'agit.

Le sacré ne se retrouve que dans un sens très particulier, celui de l'*homo sacer*, l'homme qu'en droit romain archaïque n'importe qui pouvait tuer sans être tenu pour homicide, mais qu'il était interdit de sacrifier – au sens propre –, et qui se trouvait mis au ban de la société. En 1994, tuer dans les édifices religieux était une manière d'affirmer la souveraineté de l'Etat rwandais hutu, cette souveraineté qui décide de l'exception. Comme le Hutu qui refusait la logique d'extermination et se retrouvait classé dans la catégorie fatale des prétendus «complices», le Tutsi est devenu l'*homo sacer*, l'être dont le meurtre est licite, l'exception qui ne se trouve ni dans la communauté ni hors de la communauté, l'homme mis au ban de la société, *à ban donné*, placé dans un espace d'exception qui n'est ni lieu ni territoire mais espace du ban.

Puisque les Tutsi du FPR persistaient à attaquer l'Etat hutu, il fallait bannir chaque Tutsi du territoire et de la société. Banni, du verbe bannir qui, en latin classique, se dit… *exterminare. Exterminare* signifiait expulser hors des frontières, des termes du territoire. Exterminer, au XXe siècle, veut dire expulser définitivement de la société et du territoire étatique par l'anéantissement physique, perpétré dans des espaces dont seul l'Etat fixe le statut juridique exceptionnel, d'habitude des camps, au Rwanda les églises et les temples. Y tuer les Tutsi n'avait probablement pas un caractère sacrilège aux yeux des assassins, qui ne voulaient d'ailleurs plus considérer leurs victimes comme des êtres humains, qui faisaient tout pour les déshumaniser. Les Tutsi se trouvaient séparés de la communauté nationale, placés dans une zone, non pas de non-droit, mais d'au-delà du droit, ni profane ni sacrée. Les lieux ecclésiastiques sont devenus espaces d'affirmation du pouvoir souverain de l'Etat criminel en 1994.

En déclenchant l'attaque d'un camp de réfugiés à Kibeho en mai 1995, avant celle des camps de la frontière zaïroise l'année suivante, Paul Kagame, l'homme fort du nouveau régime dominé par des Tutsi, a suivi une logique comparable, celle de l'Etat contemporain : les camps constituaient des espaces d'exception, et leur suppression devait manifester la souveraineté du nouvel Etat contre les miliciens et la mythique «communauté internationale». En effet, les extrémistes du *«Hutu Power»* avaient pu continuer leur endoctrinement raciste dans les camps des réfugiés poussés à l'exil en 1994 par la peur et par l'habitude d'obéir aux autorités. Les «génocidaires», utilisant les innocents comme boucliers et détournant l'aide internationale, avaient organisé des attaques contre le Rwanda et le Burundi, et accompli des pogromes contre des Zaïrois d'ascendance tutsi présumée. Les grandes puissances n'avaient rien fait pour empêcher ces agissements, que le nouveau gouvernement rwandais ne pouvait pas éternellement tolérer à sa frontière.

En novembre 1996, le Rwanda asséna une formidable baffe à la «communauté internationale», qui avait soutenu pendant deux ans que les réfugiés rwandais du Zaïre étaient partis de leur plein gré, qu'ils ne voulaient pas rentrer, qu'il était impossible de séparer les miliciens des innocents. Après quelques combats des révoltés zaïrois dits *«banyamurenge»* («les gens de Murenge», un nom de lieu) soutenus – voire manipulés – par Kigali, plusieurs centaines de milliers de réfugiés rentrèrent au pays, et le gouvernement rwandais sut à peu près faire face à cet afflux, alors que l'on nous avait prédit l'apocalypse. L'Etat rwandais s'était affirmé.

Mais à quel prix ? Si mes informations sont exactes, lors du déclenchement de l'attaque, Paul Kagame avait dit : *«One way»*, «sens unique», c'est-à-dire que les réfugiés qui ne rentreraient pas au pays seraient considérés comme «génocidaires». Or, des dizaines de milliers d'entre eux n'ont pas pu revenir au Rwanda, empêchés par les miliciens, ou ne l'ont pas voulu parce qu'ils avaient peur ou parce qu'ils suivaient les autorités qu'ils connaissaient. Pourchassés, ils ont été victimes de crimes contre l'humanité perpétrés à la fois par des Zaïrois – débris de l'armée gouvernementale, membres de la guérilla *«banyamurenge»*, populations locales haïssant les Rwandais, «Tutsi» zaïrois se vengeant des pogromes – et par des Tutsi de l'armée rwandaise, trop heureux d'accomplir ici une vengeance qui leur était interdite dans les frontières de leur pays. Depuis lors, le gouvernement rwandais a d'ailleurs continué à canaliser la violence vers l'extérieur, contre le nouveau Congo puis contre l'ancien allié ougandais.

À l'intérieur, le territoire de l'Etat rwandais est ainsi devenu ces dernières décennies une aire continue où l'on n'a plus toléré aucune hétérogénéité, aucune enclave, aucune marge, ni sociale ni territoriale. De manière plus générale, l'Etat contemporain abolit tout «dehors» de son territoire, pensé comme un espace. Sur cette étendue homogène n'existe d'abord plus de place pour les nomades, qu'ils soient twa ou, dans nos pays, tziganes, obligés de se sédentariser. Non pas pour des raisons de peuplement trop dense, non pas seulement afin de mieux contrôler la population, mais avant tout par souci d'empêcher l'exception, la décision «prise hors» (*ex-capere*) de l'Etat souverain. Ainsi la plupart des derniers Twa nomades avaient-ils été contraints bien avant 1994 de quitter ce qui restait de la forêt.

Pis encore, sur le territoire homogène de l'Etat rwandais n'ont le droit de vivre que les membres de la même nation, voire de la même «ethnie». Beau résultat du «progrès» apporté par l'administration coloniale et les missions ! Avant leur intervention existaient des obligations de solidarité – au sein des familles, des lignages, du voisinage, des clans à un degré moindre –, des rapports de clientèle – dans le cadre des divers royaumes et des relations foncières ou pastorales –, des alliances ou des vengeances à accomplir, des guerres opposant les différentes entités politiques de l'actuel Rwanda. Toutes ces relations passaient par des personnes clairement identifiées. Elles ne procédaient ni d'une opposition générale et anonyme entre Hutu et Tutsi, de filiations de populations identifiées à des sangs prétendument différents, ni d'un territoire conçu comme un espace juridique et politique continu.

Mais, dès la fin de l'ère coloniale, les élites rwandaises avaient adopté la conception européenne d'un territoire aux frontières linéaires, correspondant à l'espace de répartition de la nation ou de l'ethnie rwandaise. «Ethnie», avec toute l'ambiguïté que ce mot comporte dans la région. Soit en un sens, anthropologiquement juste, de population parlant la langue rwandaise. Soit dans le sens raciste où l'emploient dirigeants rwandais et occidentaux : après les troubles de novembre 1959, Grégoire Kayibanda cita le texte célèbre de Disraeli sur les «deux nations dans un seul Etat», pour réclamer la ségrégation des Hutu et des Tutsi en deux zones séparées et confédérées. Une idée strictement inapplicable, qui a ressurgi dans les années quatre-vingt-dix sous la forme des «*Hutuland*» et «*Tutsiland*» chez des politiciens américains et français.

Au nom du réalisme politique, à propos du Rwanda comme de l'ancienne Yougoslavie, on se rallie à la conception du territoire que se font les organisateurs de génocides : un espace homogène où vit une population «ethniquement pure».

Les extrémistes hutu ont voulu «finir» leur communauté nationale, l'immuniser contre les Tutsi, la terminer en exterminant ceux-ci, pour revenir à un prétendu Rwanda originaire, celui du «peuple majoritaire» (*rubanda nyamwinshi*, expression ressassée dans la propagande), ce qui revenait à supprimer l'histoire. Ils ont nourri la chimère du jardin d'Eden, du commencement avant la chute, de «l'idole de l'origine» que fustigeait l'historien Marc Bloch après Nietzsche. S'ils partagent la croyance dans l'origine égypto-abyssinienne des Tutsi – encore que certains d'entre eux l'ont propagée sans y croire –, les suprématistes hutu et leurs alliés oublient que le chanoine de Lacger, à la suite d'autres auteurs, situait le berceau des Hutu en Australasie, une idée tout aussi fantaisiste.

On n'a jamais entendu de politiciens tutsi réclamer le retour des Hutu dans leur Papouasie natale. Mais ils vantent une harmonie précoloniale qui n'a pas davantage existé. S'il est vrai que Hutu et Tutsi ne sont pas, et n'ont jamais été des ethnies, il n'en demeure pas moins qu'ils forment aujourd'hui deux communautés de la peur antagonistes dont l'existence ne peut pas être niée. Remplacer le bourrage de crâne «ethniste», c'est-à-dire raciste, affirmant une différence biologique, par un bourrage de crâne niant toute différence historiquement et socialement constituée n'est pas une solution. En procédant ainsi, hommes politiques hutu et tutsi ont fait de deux versions différentes d'un passé mythique l'avenir du Rwanda. Malgré le ridicule de cette tautologie, je serais tenté de rappeler que seul l'avenir du Rwanda est son avenir. La nouvelle société rwandaise reste à construire, ce qui suppose des dirigeants moins prompts à manipuler des mythes historiques pour monopoliser le pouvoir quel qu'en soit le coût humain.

Hutu et Tutsi avant la colonisation : une autre logique sociale

Répétons-le, il n'existe au Rwanda qu'une seule ethnie, l'ethnie rwandaise. L'opposition dite «ethnique» entre Hutu et Tutsi a été créée par la colonisation, puis renforcée et exploitée à des fins criminelles par des politiciens désireux d'asseoir leur pouvoir.

Cependant, même s'il a fallu plusieurs décennies pour en arriver là, les discours de haine raciale ne se sont si bien répandus dans la population que parce qu'ils ont utilisé des éléments familiers de la culture rwandaise, qu'il s'agisse des images et figures de style employées, ou des mots «Hutu» et «Tutsi», qui existaient bien avant la colonisation. Pour comprendre les ravages provoqués par le choc colonial, revenons sur ce point : que voulait dire autrefois être hutu ou tutsi ?

NI RACES NI ETHNIES...

Selon le discours malheureusement encore dominant, les Tutsi seraient une ethnie différente de celle des Hutu, une ethnie venue d'ailleurs. Les Tutsi, des Nilotiques originaires d'Egypte ou d'Ethiopie, auraient conquis les Hutu, des Bantous, à une époque variant du Xe au XVIIIe siècle au gré des auteurs ; les Bantous seraient eux-mêmes arrivés au Rwanda et au Burundi après les véritables autochtones, les Twa, la troisième «ethnie», les prétendus pygmées ou «pygmoïdes». Ces affirmations ne reposent sur aucune esquisse d'ombre de début de commencement de preuve. Elles ont simplement été reprises depuis un siècle par des ignorants, universitaires aussi bien que journalistes ou autres, qui se copient les uns les autres.

Quels sont ces «pygmées» qui, mesurés par un anthropologue en 1907-1908, atteignaient en moyenne 1,59 mètre, soit à peine moins que les Européens à la même date ? Quelle est cette invasion, récente à l'échelle historique et qui, à la différence de toutes les autres, n'a laissé aucune trace linguistique ? À défaut, où sont les preuves archéologiques ? Comment se fait-il que l'on ne possède pas de tradition orale relatant l'événement ? Dans ces conditions, pourquoi faire venir les Tutsi du nord, et non pas du sud ou de l'ouest, pourquoi parler du Xe, du XVe ou du XVIIIe siècle ? Aucune des affirmations qui traînent dans de trop nombreux ouvrages et articles ne résiste à l'analyse.

Dans le meilleur des cas, elles ne devraient être considérées que comme des hypothèses recevables mais dont il convient de prouver le bien-fondé. Ainsi, on ne voit pas pourquoi le continent africain n'aurait pas connu de migrations à grande distance : il est certain que celles-ci furent aussi nombreuses qu'ailleurs. Mais, dans l'Afrique des Grands Lacs, les seuls indices linguistiques et archéologiques balaient l'idée de migrations plus récentes que celles intervenues voilà deux mille à deux mille cinq cents ans. Elles sont donc si anciennes qu'elles n'offrent d'intérêt qu'aux yeux des spécialistes. Elles ne devraient pas avoir de répercussions sur la vie sociale d'aujourd'hui. Imagine-t-on des Français reprochant à d'autres leur ascendance romaine plutôt que gauloise ? D'ailleurs, les traditions orales font venir la noblesse tutsi du Buganza ou du Mubali, deux régions qui se trouvent au sein des frontières actuelles du Rwanda.

Mais quoi, rétorquent certains «experts» de brousse, les Tutsi ne sont-ils pas une «race» ? Ne se reconnaissent-ils pas à leur taille plus élancée, à leur peau parfois plus claire, à leurs mains et à leurs traits plus fins que ceux des Hutu ? Pour certains d'entre eux, rien de plus vrai. Pour certains seulement, de même qu'il est possible de reconnaître certains Juifs. Comparaison choquante à laquelle je recours volontairement parce que l'idéologie à l'œuvre est identique. Personne, hormis à l'extrême droite, ne soutient plus que les Juifs formeraient une race, mais on ne se gêne guère lorsqu'il s'agit d'Africains.

Pourtant, outre que biologistes et paléontologues s'accordent à dire que la notion de race n'est pas applicable à l'espèce humaine, l'observation de différences physiques entre des Tutsi et des Hutu revêt aussi peu de sens qu'entre les grands blonds aux yeux clairs et les petits bruns aux yeux sombres, sauf à retomber dans les aberrations du racisme nazi. Même si l'on démontrait que Hutu et Tutsi présentent systématiquement des caractéristiques génétiques différentes, cela satisferait peut-être la curiosité des généticiens, mais on ne pourrait en tirer aucune conclusion d'ordre culturel.

Que prouvent des différences somatiques ? Rien. D'abord pour des raisons de méthode : pourquoi s'attacher à telles caractéristiques physiques plutôt qu'à d'autres ? Comment déterminer le seuil à partir duquel on change de catégorie ? Mais surtout parce que le social et le biologique constituent deux domaines séparés, sauf dans les sociétés construites sur le racisme, telles les sociétés américaines, où la notion de «race» demeure utilisée même dans les milieux intellectuels.

Quant à dire que tous les Tutsi seraient reconnaissables au premier coup d'œil, comme le prétendent certains, les travaux d'anthropologie physique consacrés à ce «problème», qui vont de la mensuration des nez à la tolérance au lactose, constituent un musée des horreurs sur le plan des principes scientifiques, sur celui de la méthode d'échantillonnage ou sur celui des résultats, risibles par leurs contradictions. Si les Tutsi se reconnaissaient si facilement, pourquoi certains politiciens hutu auraient-ils exigé avec tant de virulence, dès la fin des années 1950, que l'appartenance «raciale» demeurât mentionnée sur les livrets d'identité ? Leur argument était précisément que de trop nombreux Tutsi pourraient en profiter pour se dissimuler : comme quoi les Rwandais éprouvent plus de difficultés que les «experts» européens à distinguer Hutu et Tutsi...

Il n'en demeure pas moins que certains Tutsi sont reconnaissables, surtout les membres de l'ancienne noblesse, parce qu'ils sont plus grands, ont la peau parfois plus claire et des traits plus fins. Mais la plupart des populations présentent pareils contrastes. L'anthropologue qui mesura les Rwandais au début du siècle obtint une moyenne de 1,67 mètre pour les Hutu, contre 1,79 pour les Tutsi. Douze centimètres de différence, la belle affaire ! Sous le Premier Empire, Sénateurs et Pairs de France mesuraient en moyenne 1,74 mètre, soit précisément... douze centimètres de plus que les conscrits de 1817. Oserait-on dire pour autant que bourgeois et nobles d'un côté, ouvriers et paysans de l'autre, formaient deux races ou deux ethnies différentes ? Et cependant, nobles et bourgeois se distinguaient aussi par leur peau blanche et fine ainsi que par leurs mains soignées. La différence des régimes alimentaires, des activités, des critères de choix du conjoint, suffit à rendre compte de ces oppositions dans le cas français. Pourquoi pas au Rwanda, au Burundi et dans le reste de l'Afrique ? Même si l'hypothèse de très anciennes migrations ne doit pas être rejetée *a priori*, il n'est pas nécessaire de l'invoquer pour expliquer des différences morphologiques.

Hutu et Tutsi, à défaut d'être des races, seraient des ethnies. La notion d'ethnie s'applique-t-elle aux Hutu et Tutsi ? La réponse est clairement négative. Pour pouvoir parler d'une ethnie hutu et d'une ethnie tutsi différentes, devrait exister entre les deux groupes une opposition de langue, et/ou de culture, et/ou de religion, et/ou de territoire, ces oppositions constituant la définition de la notion d'ethnie. Or, Hutu, Tutsi et Twa parlent la même langue, ont une culture identique, pratiquent les mêmes religions, et ont toujours vécu les uns parmi les autres. Bien plus : Hutu, Tutsi et Twa se répartissaient entre dix-huit clans dont chacun mêlait les trois catégories, et ils se réclamaient du même ancêtre mythique Kigwa ou Gihanga, père de Gahutu, Gatutsi et Gatwa ! Seuls les lignages étaient purement hutu, tutsi ou twa. Le mot «ethnie» ne s'applique donc pas aux différences internes aux sociétés rwandaise et burundaise. C'est un fait, reconnu et publié depuis plus de trente ans par les chercheurs un tant soit peu sérieux.

Mais alors, pourrait-on objecter, s'il n'y a ni race ni ethnie tutsi, l'emploi du mot «génocide» est impropre. C'est oublier sa définition juridique, formulée par l'ONU en 1948 : un acte «commis dans l'intention de détruire, en tout ou partie, un groupe national, ethnique, racial ou religieux, *comme tel*». Tout est dans ce «comme tel». La guerre au Rwanda a débouché sur l'élimination programmée d'une population désignée comme race ou comme ethnie tutsi par le pouvoir en place.

NI CASTES NI CLASSES

Si Hutu et Tutsi n'étaient pas des ethnies, qu'étaient-ils donc ? Revenons au tournant des XIXe et XXe siècles, quand arrivèrent les premiers Européens. Le point essentiel est que le Rwanda de 1900 n'était pas un pays homogène, ni politiquement, ni socialement. L'organisation de la société variait de manière considérable d'une région à l'autre, et comportait trois catégories, *parmi d'autres* : Hutu, Tutsi et Twa. Puisqu'il est impossible de recourir à la notion d'ethnie, passons en revue les autres catégories sociologiques auxquelles on a recouru.

On rencontre parfois le mot «castes», alors que celui-ci se montre rétif à tout emploi en dehors du contexte indien. Il implique en effet un binôme pureté/impureté rituelle absent des relations sociales rwandaises. De plus, il suppose une stricte spécialisation économique. Une idée répandue affirme que les Tutsi auraient été pasteurs, les Hutu agriculteurs, cependant que les Twa vivaient de chasse dans leurs forêts natales. Il y aurait donc bien eu spécialisation. Mais ce cliché est balayé par les faits.

Il est vrai qu'existait, dans la pratique – sur le plan des valeurs, la vache était révérée par tous –, une polarisation économique vers l'élevage de la vache chez les Tutsi, vers l'agriculture chez les Hutu. Néanmoins, des Tutsi ne possédaient pas de bétail tandis que des Hutu détenaient de très importants troupeaux dans le Nord-Ouest. On oublie aussi qu'une maladie provoqua la mort d'une grande part du cheptel à la fin du XIXe siècle. Là où ils détenaient l'autorité – restriction qui explique les variations régionales –, les chefs tutsi confisquèrent aux autres Tutsi comme aux Hutu les animaux qui avaient survécu au fléau : dans ces régions par conséquent, rien d'étonnant à ce que les premiers observateurs aient vu une spécialisation qui traduisait des rapports de pouvoir. À l'époque de la colonisation belge, d'ailleurs, si l'essentiel du gros bétail était possédé par des Tutsi, son élevage était pratiqué par des Hutu comme par des Tutsi. L'idée d'une spécialisation ne tient pas.

Enfin, pour pouvoir parler de castes, il faudrait une stricte endogamie qui n'existait pas au début du siècle : Hutu et Tutsi pouvaient se marier entre eux. Les cas de mariages exogames étaient rares en revanche – mais ils existaient – chez les Twa. Ces derniers, qui mériteraient un livre à eux seuls, pourraient être considérés comme les moins éloignés de la caste. Méprisés par les Hutu et les Tutsi, ils n'étaient pas «intouchables» pour autant, et, malgré le cliché qui nous les présente comme des pygmées vivant dans les forêts, eux non plus n'étaient pas économiquement spécialisés : certains (les *mpunyu*), nomades, chassaient dans les forêts et vivaient aussi de rapines, d'autres, sédentaires, étaient potiers, d'autres encore servaient d'hommes à tout faire aux chefs tutsi, à la fois bouffons, espions et bourreaux. Décidément, il n'y eut pas de castes au Rwanda.

Des classes sociales peut-être ? On se heurte une nouvelle fois au problème de la diversité régionale. Définie en termes marxiens purs et durs de rapports aux moyens de production, ou même de simple égalité de position économique, ou encore de statut, l'expression ne s'applique pas à un pays où des Tutsi ne possédaient rien, tandis que les Hutu *bakonde* (défricheurs) détenaient terres et bétail en abondance dans le Nord. Cependant, la possession de vaches, signe par excellence de la richesse, constituait un important facteur discriminant. Alors que l'identité sociale se transmettait toujours par la filiation masculine, un Hutu puissant qui détenait une importante quantité de gros bétail pouvait épouser une Tutsi, et ses descendants allaient être considérés comme des Tutsi – du fait de leur richesse, et non pas de leur ascendance féminine –, tandis que, *a contrario*, des Tutsi appauvris finissaient par devenir Hutu. Une bravoure exceptionnelle pouvait aussi, semble-t-il, provoquer le changement de catégorie. Enfin, un enfant adopté – cas fréquent en temps de famine –, quelle que fût son origine, prenait l'identité de son père adoptif. Ces constatations pourraient légitimer l'usage de l'expression «classes sociales».

Mais les cas de passage de l'état de Hutu à celui de Tutsi étaient limités en nombre. Ils paraissent correspondre à un phénomène venu du Centre et du Sud – la région du Nduga entendue au sens large –, là où le développement du pouvoir royal s'accompagnait de la création d'une noblesse tutsi : en général – mais pas toujours –, les chefs hutu *bakonde* (défricheurs) du Nord, riches en vaches, ne se disaient pas tutsi. Autre objection : dans une lettre de 1902, un Père Blanc distinguait trois classes... parmi les Tutsi, selon leur pouvoir et leurs richesses.

Peut-on dire qu'existait une conscience d'appartenir à la même classe ? Pas davantage : les Twa vivant de chasse, de cueillette et de rapines dans les forêts et marais du Nord portaient un nom particulier (*mpunyu*) les distinguant des potiers ; les *bagogwe* et *bahima* du Nord, ces éleveurs nomades qualifiés aujourd'hui de «Tutsi», et qui ont été massacrés comme tels, refusaient d'être assimilés aux Tutsi du Rwanda central ; inversement, ces derniers considéraient comme une insulte d'être appelés *bahima* ; les Hutu du Nord, de l'Ouest et de l'Est appelaient indifféremment «Tutsi» d'«authentiques» Tutsi venus du Centre, mais aussi les Hutu et les Twa qui accompagnaient ceux-ci, alors qu'ils nommaient *bagogwe* ou *bahima* leurs «Tutsi» autochtones. Même en se limitant au seul Rwanda central et méridional, là où le pouvoir dit «tutsi» était le mieux établi, on ne peut parler d'une classe tutsi, car ceux qui détenaient puissance et autorité – les «*banyiginya*» – appartenaient aux lignages royaux, et il existait là aussi, selon l'expression employée par les missionnaires, une majorité de «petits Tutsi» pauvres occupant une place peu ou pas différente de celle assignée aux Hutu.

Au Rwanda, parler de classes sociales telles que les entendaient Marx ou Max Weber n'a donc pas de sens, même en tenant compte des différences qui existent toujours entre les réalités sociales et les concepts sociologiques qui les décrivent, et même dans le sens très flou où physiocrates du XVIIIe siècle et auteurs libéraux du XIXe comprenaient l'expression. «Classes» ou «classes sociales» est d'ailleurs ici d'un usage trop délicat. Pourquoi ? Ceux qui ignorent que Marx emprunta l'idée de lutte des classes aux libéraux seront sans doute surpris, mais libéraux et marxistes utilisent une même grille d'intelligibilité de la société : celle qui pense les relations sociales sur le seul modèle de la guerre. L'expression «classes sociales», ainsi surdéterminée, doit être abandonnée car elle implique une guerre ou une lutte à l'européenne entre les diverses classes et impose au lecteur un modèle d'interprétation déplacé.

On pourrait être tenté de rapprocher l'organisation tripartite Hutu-Tutsi-Twa de l'ancienne logique sociale européenne, avec ses trois ordres ou états (noblesse, clergé, tiers état). Mais la société d'avant la Révolution obéissait à des règles par trop différentes de celles régissant le Rwanda. C'est précisément l'intérêt de la démarche comparative, qui nous oblige à analyser une logique sociale autre que la nôtre plutôt que de la ranger à toute force dans une case d'un système de pensée.

UNE LOGIQUE SOCIALE MOUVANTE ET AGGLUTINANTE

Tout le problème vient en effet de notre terrible manie d'appliquer des concepts, délimités par essence, pour enfermer toutes les sociétés dans ces cadres rigides en confondant finalement les concepts que construisent les chercheurs avec la réalité mouvante dont ils entendent rendre compte. À force de vouloir rapporter l'inconnu au connu, le savoir cartésien rend parfois impossible la compréhension d'une société.

Alors, que reste-t-il? Des catégories identitaires, dont le contenu variait d'une région à l'autre. L'appartenance aux catégories hutu, tutsi ou twa n'était qu'un élément de l'identité sociale, au même titre que l'appartenance régionale, la profession et l'appartenance clanique, voire lignagère dans certaines régions. Pour un Rwandais ou un Burundais, l'ensemble de ces données correspondait au *bwoko*, mot qui s'applique aux choses comme aux hommes. On peut le traduire par «catégorie», «espèce», «genre», «classe» (au sens le plus neutre). Quand on demandait à un homme quel était son *bwoko*, il pouvait répondre, selon le contexte, par *muhutu* (Hutu), *mugoyi* (habitant de la région du Bugoyi), *musinga* (membre du clan des *basinga*), ou donner sa profession. Il n'existe pas de mot rwandais équivalent d'«ethnie», par exemple, pour désigner une notion regroupant les seules catégories hutu, tutsi ou twa – *bwoko* est utilisé pour traduire «race» et «ethnie».

Si l'on s'était davantage attaché à ce problème de traduction, on aurait évité bien des erreurs et du sang, car le *bwoko* est singulièrement important pour comprendre ce qu'étaient Hutu, Tutsi et Twa avant l'arrivée des Européens. Appliqué aux hommes, le *bwoko* était l'identité sociale, dont le fait d'être hutu, tutsi ou twa n'était pas fondamental. Tout dépendait du contexte de la discussion, et de l'interlocuteur. Comme toujours quand il s'agit de définir une identité sociale, on ne mettait pas systématiquement en avant l'appartenance hutu, tutsi ou twa, au contraire de ce que l'on fait aujourd'hui, depuis que la peur et la soif de vengeance ont cristallisé les catégories autour d'un seul élément de l'identité, constitutif de ce que je nomme communautés de la peur.

La difficulté de compréhension du *bwoko* provient d'un trait essentiel de la société rwandaise : à la différence des logiques sociales occidentales, qui sont devenues classificatoires depuis quelques siècles, la logique sociale du Rwanda était agglutinante. Là où nous essayons de ranger individus, mots et choses dans des catégories isolées et fixées une bonne fois pour toutes, les Rwandais modifiaient leurs catégorisations suivant le contexte et la proximité. Ce mode de pensée, non spécifique au Rwanda, n'est pas non plus absent de nos sociétés. Si la manie classificatoire l'y a rendu moins prégnant, il s'y manifeste cependant, notamment dans les amalgames de la vengeance : c'est le mode du «si ce n'est toi, c'est donc ton frère. – Je n'en ai point. – C'est donc l'un des tiens».

Une façon d'identifier l'ennemi qui était celle de la vendetta, très développée chez les *bakiga* et parmi la noblesse tutsi : quiconque se trouvait lié d'une manière ou d'une autre au lignage ennemi, fût-ce de manière indirecte et temporaire, était considéré comme appartenant à ce lignage et susceptible de devenir victime expiatoire. Ainsi les habitants du Nord-Ouest que j'interrogeais au début des années quatre-vingt désignaient-ils leurs envahisseurs venus du sud indifféremment par les termes «*banyiginya*» – même s'ils n'appartenaient pas au clan des *banyiginya* –, «*banyanduga*» – même s'ils n'habitaient pas le Nduga –, ou Tutsi – même s'ils étaient des Hutu ou Twa clients des Tutsi venus du sud –, auxquels s'appliquaient de nombreux proverbes reflétant méfiance et rancœur.

Les commentateurs ont en effet négligé ce trait culturel essentiel au Rwanda, dont la société était traditionnellement très violente, en particulier chez les *bakiga* au pouvoir depuis 1973. La lecture des journaux tenus par les Pères Blancs dans le Nord au début du siècle est effarante à cet égard : pas une semaine sans règlements de comptes entre lignages adverses, sans plusieurs blessés ou morts. Le pardon n'existait pas, même après plusieurs générations – mais une procédure de dédommagement, par le don de vaches ou de femmes, pouvait arrêter la vengeance. Comment s'étonner que les *bakiga* se soient montrés les plus férocement anti-Tutsi en 1994 comme auparavant ? Presque tous avaient un grief remontant à la période coloniale.

Et ils n'aimaient guère les gens du Sud en général, les *banyanduga*, Tutsi mais aussi Hutu, souvent considérés comme demi-Tutsi – les mariages «mixtes» étaient très fréquents au sud de la Nyabarongo. En 1994, la logique de la vendetta existait toujours : toute personne étrangère qui fréquentait un lignage ennemi était considérée comme lui appartenant et comme pouvant constituer l'objet de la vengeance. Peut-être cette assimilation par proximité explique-t-elle en partie les amalgames du génocide, qui ne résultent pas forcément de la seule volonté de diabolisation venue d'en haut : pour qu'ait pu s'accomplir chez les paysans *bakiga* l'assimilation de toutes les catégories de Tutsi aux anciens chefs *banyiginya*, mais en outre des Hutu du Sud qui refusaient la logique génocidaire, assassinés comme «complices» (*byitso*), un ressort social profond doit avoir joué. Il est probable que l'ancien ressort a agi de concert avec le nouveau, celui du racisme biologique, celui qui entraîna le meurtre des enfants de femmes tutsi mariées à des Hutu – la vendetta ancienne aurait considéré ces enfants comme ayant l'identité sociale du père, et non pas de la mère. L'identité avait été biologisée et gelée, tout en demeurant agglutinante lorsqu'il s'agissait de se venger.

Au contraire, se dire ou être désigné comme Hutu, Tutsi ou Twa correspondait, au début du siècle, à une réalité sociale doublement mouvante : elle changeait parce que des Hutu pouvaient devenir Tutsi et que des Tutsi pouvaient devenir Hutu, et elle changeait en fonction des interlocuteurs et de la région. L'identité est partout et toujours contextuelle, mais plus encore au Rwanda à cause de la logique agglutinante particulièrement forte ici. D'ailleurs, même dans des pays où l'on trouve des groupes sociaux répondant à la définition du mot «ethnie», le changement d'ethnie était possible. À propos du Mali, Jean Gallais concluait :

> «L'Africain de ces régions ne comprend pas l'appartenance à une ethnie comme une donnée naturelle qu'il est obligé de subir au même titre que sa taille ou la couleur plus ou moins foncée de sa peau. Il peut remettre en question cette ethnie et la "mutation" ethnique apparaît dans ces régions comme un fait sociologique de première importance.»

C'est la pensée raciste des colonisateurs, puis des élites acculturées, qui a figé les identités africaines.

Dès lors, le chercheur étranger se trouve piégé lui aussi. S'il montre que Hutu et Tutsi ne formaient pas des ethnies au début du siècle, qu'ils n'en forment toujours pas, on l'accuse d'être pro-Tutsi, car le jeu politique des dirigeants tutsi au Burundi, puis au Rwanda après 1994, a consisté à tenir ce discours tout en empêchant les Hutu de partager le pouvoir, en particulier dans l'armée, les Tutsi craignant à juste titre d'être massacrés, et une fraction des élites qui cherche à monopoliser le pouvoir s'appuyant sur cette crainte. S'il montre que Hutu et Tutsi forment aujourd'hui deux communautés distinctes qui, malgré le flou des marges qui les séparent, sont objectivement constituées, opposées par la haine, on l'accuse d'être «divisionniste» et pro-Hutu, parce qu'une fraction des élites hutu a monopolisé le pouvoir au Rwanda jusqu'en 1994 en s'appuyant sur le péril tutsi.

LE MÉLANGE MORTIFÈRE DE DEUX LOGIQUES SOCIALES

Pourtant, aujourd'hui, Hutu et Tutsi existent et se haïssent parce qu'ils se craignent ou veulent se venger. Ce sont deux communautés bien réelles, dont l'une – tutsi – est très minoritaire et veut d'autant plus fortement accaparer le pouvoir qu'elle se sent menacée. Mais deux communautés de la peur créées par une histoire récente, et prises au piège du racisme. La tâche la plus difficile est de rétablir des liens sociaux pour que Hutu et Tutsi puissent exercer le pouvoir conjointement. Il reste à construire une communauté nationale, qui suppose à la fois homogénéité et différence, liens de l'union et liens de la division.

En cherchant ailleurs un phénomène comparable à celui des Hutu, Tutsi et Twa, j'ai buté sur le cas des trittyes d'Athènes. Chacune des quatre tribus athéniennes était divisée en trois trittyes, c'est-à-dire en trois parties dont on ignore la nature et les fonctions exactes. Lors de sa grande réforme, dit Aristote, Clisthène créa, non pas douze tribus, ce qui aurait eu pour effet de ranger les citoyens dans les douze trittyes existantes, car «ainsi on ne serait pas arrivé à la fusion du peuple», mais dix qu'il divisa chacune en trois nouvelles trittyes : chaque tribu devait comprendre une trittye du littoral, une trittye de l'intérieur des terres, et une trittye de la ville et de ses environs réalisant ainsi un plus grand mélange des populations. Il serait évidemment absurde de comparer Hutu, Tutsi et Twa aux trittyes athéniennes, mais celles-ci donnent à penser.

D'abord, la présence de Hutu, Tutsi et Twa dans chacun des dix-huit clans rwandais, en dépit de proportions très variables, aboutissait à un certain mélange de la population. Les clans n'étaient pas spécialisés sur le plan professionnel, et chacun d'entre eux était réparti dans tout le pays – ce que peuvent expliquer les migrations. Lors de déplacements, l'appartenance au même clan facilitait l'hospitalité, y compris entre Hutu et Tutsi, selon Marcel d'Hertefelt. Ceux qui voient trois races ou ethnies au Rwanda n'expliquent pas ce problème : non seulement les Rwandais se réclamaient d'un même ancêtre mythique, mais ils impliquaient de surcroît une autre ascendance mythique commune à l'intérieur de chaque clan. Leur identité sociale n'était décidément pas affaire de sang.

L'exemple des trittyes donne surtout à penser sur la dynamique de toute société, qui produit à la fois de l'homogénéité et de la différence, indispensable parce qu'elle permet l'échange sans lequel elle mourrait. Le tissu social se noue dans une large mesure à partir de la différence, en raison du lien que crée la division, comme l'a écrit Nicole Loraux. Pour qu'une société puisse se définir, pour que ses membres soient en mesure de s'identifier, il faut un autre, ou plutôt deux autres. Un autre à l'extérieur, le pays voisin, peuplé de barbares. Un autre à l'intérieur, qui permet de s'opposer à lui tout en s'assemblant avec ceux qui s'opposent au même autre : ce peut être le riche, par exemple, ou bien l'homme du village, du canton ou de la région voisins, celui pour lequel on éprouve mépris ou aversion alors que l'on en est proche, selon le phénomène que Freud a nommé «narcissisme de la petite différence». La dynamique des sociétés fait que l'autre intérieur, comme l'autre extérieur, change avec le temps, et que les critères d'identité sociale s'en trouvent modifiés.

Divers indices prouvent ainsi que les clans rwandais formaient une catégorie dont l'importance était en voie de régression dans l'identité sociale, tandis que les catégories hutu, tutsi et twa en occupaient une de plus en plus grande dans le Rwanda central et à mesure que la royauté s'étendait à sa périphérie. Avec l'irruption des Européens, c'est ce critère d'appartenance qui fut privilégié dans les discours traitant de l'identité sociale, tandis que le clan et l'origine régionale tendaient à être passés sous silence par les colonisateurs, qui étendaient abusivement à l'ensemble du pays les institutions du seul Rwanda central. Ce bouleversement évoque irrésistiblement un commentaire de Plutarque sur un fragment d'Héraclite, cité par N. Loraux :

> «Invité par ses concitoyens d'Ephèse à donner son avis au sujet de la concorde civique [...], Héraclite n'aurait dit mot, bien que l'épisode prenne place lors d'une assemblée. Mais, prenant une coupe, il y aurait mêlé de l'eau et de la farine d'orge, additionnée de menthe pour faire de l'émulsion un mélange [...] ; et, après avoir agité le tout, il l'aurait bu et se serait retiré, toujours silencieusement.»

Sans le mouvement imprimé au liquide, l'eau et la farine se séparent. L'irrémédiable séparation fut accomplie par la colonisation qui importa une dynamique sociale étrangère et stoppa celle qui était propre à la société rwandaise. Une autre boisson fut préparée, animée d'un autre mouvement. Après la décolonisation, du mélange des deux boissons par un mouvement désordonné sortit un poison dont on cherche l'antidote, qui ne pourra pas être trouvé tant que les Rwandais resteront prisonniers des mythiques origines dont les Européens les ont affublés, tant qu'ils ne se réapproprieront pas leur passé, et tant que chacun n'aura pas *vidé sa querelle* pour que cesse le désir de vengeance.

La colonisation a changé la signification des mots «Hutu» et «Tutsi» avant de bouleverser la sociogenèse de l'Etat rwandais. Les deux catégories existaient, en un sens dont on ne saura jamais précisément ce qu'il était dans chaque région avant la colonisation. Mais le contenu de ces mots a changé du fait de la colonisation puis de l'incommensurable cynisme de politiciens rwandais et burundais, et *c'est justement parce que les éléments du discours politique étaient anciens et familiers que leur nouvel assemblage a été si efficace.*

Que la peur Tutsi-Hutu diminue, et d'autres tensions apparaissent : naguère entre Hutu *banyanduga* et *bakiga* puis entre *bagoyi* et *bashiru* (des *bakiga* qui habitent deux régions du Nord-Ouest) ; aujourd'hui entre Tutsi rescapés – abandonnés à leur sort car soupçonnés du fait même de leur survie – et exilés revenus après 1994, et parmi ceux-ci entre «Ougandais», «Burundais» ou «Congolais» (selon leur ancien pays d'exil) ; ou bien encore entre factions qui se réduisent à des clientèles, voire à des familles. Que ces tensions viennent à menacer ceux qui détiennent le pouvoir, et l'épouvantail de l'hostilité raciale est reconstruit de toutes pièces ou ressorti à la faveur d'une occasion, pour convaincre la population qu'elle est menacée et qu'elle a besoin de la protection de l'Etat et de ses dirigeants. La présence au Rwanda d'une seule ethnie – dans le vrai sens du terme – augmente le danger de cette stratégie criminelle : la haine de l'autre y est une haine de soi.

«Guerres ethniques» et indifférence

Dix ans après le génocide, son onde de choc continue à bouleverser les pays des Grands Lacs. Le Burundi n'a pas retrouvé la paix civile, tandis que les massacres racistes ravagent l'est de l'ex-Zaïre, et que les anciens alliés ougandais et rwandais menacent de se faire la guerre. Le discours raciste anti hamite s'est encore répandu, cette fois bien au-delà de la région interlacustre. Si l'on veut entrer dans un bar de Kinshasa, de Yaoundé, voire de Bruxelles, il ne fait pas bon ressembler au stéréotype du «Hamite». Plus grave encore, le Rwanda semble être devenu une sorte de modèle pour des politiciens avides de pouvoir, qui manipulent l'ethnicité à des fins criminelles, comme on peut le voir en Côte-d'Ivoire.

Et nos médias, nos hommes politiques, nos «intellectuels» jettent de l'huile sur le feu dit «ethniste» en persistant à parler de «guerres ethniques» à tort et à travers. Pourquoi cette persévérance dans l'erreur ?

L'ETHNIE, MASQUE DU RACISME

Il faut du temps pour se déprendre d'un discours dominant, martelé d'un vulgarisateur à l'autre, il faut du temps pour faire passer auprès du public le fruit de longues recherches peu accessibles. Malheureusement, pareille rupture ne se produit, trop souvent, qu'après un événement dramatique : la découverte des camps d'extermination a permis de disqualifier le racisme de l'anthropologie physique en Europe, sans pour autant parvenir à l'éradiquer. Encore a-t-il fallu des années pour que l'on prenne la mesure de l'événement.

Le drame rwandais et burundais devrait nous mettre en garde contre ce même racisme appliqué à l'Afrique. Il a fallu de la théorie pour que soit perpétré le génocide à la machette, et cette théorie venait d'Europe. Il suffit pourtant d'ouvrir un bon dictionnaire de la langue française pour comprendre que le mot «ethnie» ne s'applique pas aux Hutu et Tutsi, puisque rien ne les différenciait sur le plan de la langue, de la culture, de la religion ou du territoire. Certes, l'incompétence des experts-sauterelles qui s'abattent sur les plateaux télévisés à chaque catastrophe est en général proportionnelle à leur arrogance. Certes, la plupart des journalistes, hommes politiques et diplomates se montrent incapables de trouver de bons instruments d'information – y compris un simple dictionnaire de qualité –, faute d'avoir appris à apprendre, et par absence d'esprit critique. Certes, le manque de rigueur de certains universitaires est effarant. Mais déplorer l'ignorance avérée de ceux qui s'obstinent à parler d'«ethnies» au Rwanda ne suffit pas à expliquer pourquoi des gens venus d'horizons très divers emploient encore cette expression fautive.

On peut penser que cela provient de la difficulté rencontrée pour décrire la réalité sociale du Rwanda et du Burundi. De plus, puisque l'on parle souvent d'«ethnisme» à propos de l'antagonisme qui oppose Tutsi et Hutu, on comprend que la facilité et la logique élémentaire poussent à parler d'ethnies, d'autant que les propagandistes du *«Hutu power»* continuent à diffuser le mot. Voilà précisément la raison pour laquelle il faut parler de racisme. Car c'est bien le racisme qui ravage ces régions. C'est bien l'idée de race que les politiciens criminels ont en tête quand ils appellent au massacre ou quand ils pratiquent la discrimination. Et c'est bien l'idée de race qui plane lorsqu'un contradicteur objecte: «Mais enfin, les Tutsi et les Hutu, on les reconnaît!». De fait, on distingue *certains d'entre eux* à des caractéristiques physiques, je l'ai dit, avec de forts risques d'erreur.

Or, une ethnie se définit par des traits purement culturels, alors que les traits somatiques renvoient à la vieille raciologie, que l'on pouvait espérer disqualifiée après Auschwitz. Il n'en va pas de même dans d'autres langues, comme en anglais, particulièrement aux Etats-Unis: là, de la manière la plus officielle, l'*«ethnic group»* se reconnaît à des caractères culturels et, souvent, «raciaux», car la société américaine continue à raisonner en ces termes, hélas. Mais l'usage courant du mot est-il vraiment différent en français, hors du discours de quelques savants rigoureux? Non. Alors que «races» est banni du discours officiel, «ethnies» a permis de le remplacer d'une façon pernicieuse à propos des sociétés exotiques ou de nos immigrés de couleur. Les «ethnies» sont trop souvent le masque politiquement correct des races.

La notion d'ethnie, concept fondateur de l'ethnologie, que celle-ci n'utilise d'ailleurs plus guère, a été entachée dès sa naissance par cette ambiguïté. Certes, lorsqu'elle fut forgée en 1896 par le théoricien raciste Vacher de Lapouge, puis par le linguiste Saussure, et lorsque le Dr Regnault proposa à la Société d'Anthropologie de Paris de l'employer, c'était précisément pour disposer d'un terme permettant de différencier certains groupes humains unis par la langue, la culture ou la religion, et non pas par l'anatomie. Dans l'esprit des chercheurs, «ethnie» s'opposait donc à «race». Mais, véritable cas d'école de manque de rigueur épistémologique, c'était négliger le fait que l'adjectif «ethnique», lui, existait déjà et signifiait «racial» à l'époque. Rien d'étonnant à ce que le biologiste antisémite George Montandon, directeur de l'Institut d'Etudes des Questions juives et ethnoraciales de Paris en 1943-1944, ait repris et diffusé dans ses écrits un sens fortement raciste, demeuré courant dans l'opinion lorsque l'on parle d'ethnie.

Il y a plus. L'adjectif «ethnique», qui vient du vocabulaire ecclésiastique, signifiait aussi «païen», par opposition à «chrétien», en français comme dans d'autres langues. Et, chez les Grecs, les *ethnè* s'opposaient à la *polis*, à la Cité. «Ethnie» suppose ainsi son contraire: le groupe qui détient la vérité, celle de l'Eglise ou celle de la Cité. Aux Etats-Unis, les expressions *«ethnic group»* et *«ethnicity»* sont appliquées aux minorités d'origine non anglo-saxonne et/ou non protestante (Irlandais, Indiens, Noirs, etc.), pas à la communauté *«White Anglo-Saxon Protestant»* qui détient le pouvoir: seuls les dominés ont une ethnicité, parfois revendiquée aujourd'hui pour résister à la domination *WASP*.

De même, chez les scientifiques européens, «ethnie» a longtemps été réservé aux peuples sans écriture, aux «primitifs» qu'étudiait l'ethnologie coloniale. Les «ethnies» étaient les populations dont on jugeait qu'elles n'avaient pas atteint un niveau de civilisation suffisant pour être comptées parmi les «nations», vocable réservé aux peuples des races dites «supérieures». Directement ou indirectement, les idées racistes sont associées au mot «ethnie». L'ethnie, c'est l'autre, le sous-développé, l'inférieur : nous avons fait des guerres, ils font des guerres ethniques, car ces gens-là ne sont pas comme nous.

RACISME RAMPANT ET BONNE CONSCIENCE

Hutu et Tutsi ne sont pas des ethnies. Mais le discours qui parle de «guerre ethnique» au Rwanda et au Burundi remplit des fonctions sociales importantes, qui permettent de comprendre pourquoi il perdure. D'une part, il offre le mérite d'une apparente simplicité : on croit concevoir aisément le ressort d'une guerre «ethnique», alors que rendre compte de ce qui s'est réellement produit au Rwanda s'avère bien plus difficile. Plus exactement, on réduit le conflit à la prétendue ancestrale haine ethnique, ce qui est une manière de dire que nous ne pouvons pas en comprendre les raisons, puisque nous, les civilisés, ne raisonnons pas en ces termes. Les solutions qu'il faudrait apporter apparaissent trop compliquées pour nous parce qu'elles ressortissent nécessairement à une autre logique que la nôtre : nous ne pouvons pas comprendre une guerre ethnique, donc nous ne pouvons pas secourir ces populations. C'est à elles-mêmes qu'il revient de résoudre leurs problèmes incompréhensibles. Bonne excuse pour se croiser les bras.

Ce discours réducteur permet aussi de nous rassurer sur notre propre société. À partir du moment où l'on parle de guerre «ethnique», que ce soit à propos du Rwanda ou de la Yougoslavie, on se place dans le cadre d'une altérité essentielle : la sauvagerie de ces conflits paraît ainsi réservée à des populations primitives, tandis que nous, «nations» civilisées, aurions dépassé ce stade depuis longtemps. L'idée que pareilles atrocités seraient impossibles chez nous, parce qu'elles sont le propre de sociétés d'un autre type, nous rend le sommeil plus facile. Et pourtant, l'expression «guerre ethnique» s'appliquerait certainement davantage au conflit franco-allemand de 1914 qu'à la guerre civile rwandaise...

Au demeurant, s'il est incontestable qu'existent des ethnies, au sens propre, en Afrique comme ailleurs, il est permis de douter que se produisent des guerres méritant d'être qualifiées d'«ethniques». Chaque fois que l'on analyse le déclenchement d'une telle guerre, on observe les mêmes phénomènes : rappels d'un passé mythique, cristallisation identitaire à partir de pratiques et de discours politiques véhiculant la peur, détournement du sens de certains mots, construction d'un bouc émissaire permettant de détourner l'attention d'autres problèmes, recrutement de milices ou de troupes endoctrinées, provocations, utilisation d'événements servant à déclencher les tueries présentées comme des représailles. Et ce sont toujours des politiciens, des officiers supérieurs et des intellectuels avides de pouvoir qui se trouvent à l'origine de ces conflits, et non pas des ethnies. Le fait ethnique est manipulé et instrumentalisé pour dissimuler des enjeux de pouvoir, au sens large. Dès lors, parler de guerres ethniques revient à jouer le jeu des criminels. Ce sont des guerres politiques.

Mais lorsque nos pays sont impliqués dans les enjeux de pareils conflits, «l'explication» par la guerre ethnique est bien commode, par exemple pour faire oublier les responsabilités de la France, des Etats-Unis et d'autres puissances dans le génocide rwandais. Et puis, c'est si loin l'Afrique. Physique ou culturel, l'éloignement ne facilite pas les prises de conscience. Cela vaut pour tous les pays. L'opinion s'émeut moins malaisément devant les atrocités commises en Bosnie que lorsqu'elles le sont au Timor oriental ou au Congo. Toutefois, la distance ne suffit pas à rendre compte de l'évident manque de curiosité dès lors que sont évoqués des sujets relatifs à l'Afrique.

Je n'aurai pas la cruauté d'énumérer les bêtises abyssales des «intellectuels» à propos des Africains. Du moins l'exotisme, qui les voit comme primitifs, sauvages ou simplement autres, respecte-t-il parfois leur différence. À l'opposé, aussi généreuses soient-elles, les idéologies universalistes fondées sur l'idée de progrès voudraient les rendre identiques à nous, et, constatant qu'ils ne le sont pas et ne veulent pas le devenir, les rejettent dans l'altérité radicale des arriérés réfractaires à toute évolution. Le pluralisme culturel se trouve ainsi nié, comme dans la notion de pays sous-développés, qui suppose un modèle unique, le nôtre.

Nous paraissons cataloguer les Africains dans une autre espèce, celle des soumis qui n'auraient même pas résisté à la colonisation et qui retourneraient à la sauvagerie de leurs traditionnelles guerres tribales. L'incompréhension de la différence débouche sur l'indifférence et sur le racisme rampant, qui a de beaux jours devant lui. Exemples : cette spécialiste de la mémoire de la Shoah disant en public que le génocide rwandais la laissait indifférente, ou cette autre chercheuse m'expliquant que les massacres étaient plus fréquents et moins traumatisants en Afrique à cause d'un rapport différent à la mort. L'ignorance n'excuse pas la bêtise. La négation de l'autre, fondement du colonialisme, persiste chez les bien-pensants, qui n'ont même pas l'honnêteté de l'assumer.

Aujourd'hui, quand le continent noir apparaît sur les écrans ou dans les journaux, c'est presque toujours à l'occasion d'un événement négatif. Encore une «guerre tribale». Encore un dictateur corrompu remplacé par un autre dictateur corrompu. Encore une famine ou quelque autre calamité «naturelle». L'Afrique noire semble toujours mal partie, promise à d'éternels malheurs. Et cela par sa faute, suggèrent les médias qui parlent de la corruption et de l'incapacité des élites africaines plus souvent que du poids de la dette, des plans d'ajustement structurel ou du pillage des ressources par nos multinationales. Depuis leur médiatisation pendant la guerre du Biafra, les ventres gonflés des enfants affamés, aussi télégéniques soient-ils, ont fini par lasser la ménagère de moins de cinquante ans et les autres, à supposer qu'ils se soient un jour sentis concernés. «L'Afrique, c'est trop triste», m'a dit une productrice de radio pour s'excuser du peu d'émissions qu'elle pouvait lui consacrer.

Triste, l'Afrique ? Parce que l'on ne nous en montre jamais les temps heureux, parce que l'on ne nous raconte jamais la prodigieuse capacité d'adaptation de ses habitants. Elle demeure au cœur des ténèbres, celles de notre ignorance. Absente de notre enseignement, l'Afrique au sud du Sahara est toujours présentée comme le continent sans. Sans monuments, sans écriture, donc sans histoire. Sans innovations scientifiques, sans industries de pointe, sans nations, sans démocratie... Mais avec guerres tribales, cannibales, animaux photogéniques et femmes faciles pour touristes ou militaires ennuyés.

Indépendants depuis quarante ans, «les Noirs» n'ont qu'à résoudre leurs problèmes. Contentons-nous d'engranger les bénéfices, sans plus laisser de contrepartie minimale : le nombre de nos coopérants a fondu, et nos ventes d'armes rapportent davantage que ne coûte l'«aide au développement». Pourquoi persistons-nous dans notre indifférence ? Pourquoi refusons-nous de demander des comptes à nos gouvernements quand ils sont impliqués dans un événement aussi grave que le génocide rwandais ? La longue crise économique, puis la prétendue mort des idéologies – c'est-à-dire le triomphe de l'une d'entre elles – ont certes entraîné un repli néfaste au militantisme. Le tiers-mondisme a disparu avant même le bloc communiste. Encore ses tenants s'intéressaient-ils plus souvent à une vision globale ou à des régimes politiquement très marqués et jugés exemplaires. Si l'Afrique avait eu son Fidel Castro, sa révolution culturelle ou ses khmers rouges, nul doute que des intellectuels se seraient enthousiasmés pour eux.

L'imaginaire concernant «les Noirs», descendance de Cham condamnée par Noé à l'esclavage, stigmatisés par une couleur symbole d'impureté et de diablerie, demeure imprégné de l'exégèse biblique et des pratiques esclavagistes puis coloniales, une vision négative que partagent les trois religions du Livre. Le racisme anti-Noirs est le plus ancré en nous. La part «positive» qu'il y a dans toute ambivalence raciste montre aussi qu'il est le plus dévalorisant: aux Orientaux le raciste ordinaire reconnaît du moins intelligence et ruse, tandis que «les Noirs» ne sont que de grands enfants, bêtes de sexe au rythme dans la peau ou coureurs si véloces. Comment s'identifier à ces gens?

J'exagère? Malheureusement, non. La continuité entre racisme et indifférence n'est que trop frappante. Certes, des «indigénophiles», abolitionnistes puis anticolonialistes ont précédé les tiers-mondistes. Mais les écrits des philosophes des Lumières relatifs aux Africains sont accablants en général, sans parler de la participation financière de certains d'entre eux à des entreprises esclavagistes. Aujourd'hui, même quand les intentions sont généreuses, le racisme affleure, explicitement ou sous les formes du paternalisme ou de la condescendance amusée. Parlez d'«intellectuels africains», et regardez le sourire de votre interlocuteur. Tout comme l'abbé Grégoire voulait «régénérer» les Africains, tout comme colonisateurs et missionnaires le plus souvent pleins de bonnes intentions vinrent au nom de la «mission civilisatrice», nos coopérants puis nos humanitaires sont venus apporter une aide sans, en général, s'interroger sur la perversité du système dont ils faisaient partie, et qui se laisse si facilement instrumentaliser par les politiques, en Afrique comme chez nous. D'un côté, nos gouvernements subventionnent quelques médecins dévoués, de l'autre ils proclament ne pas pouvoir «accueillir toute la misère du monde» et occultent notre participation à un régime prédateur qui produit cette misère. Cela ne signifie pas qu'il ne faut rien faire, mais qu'il ne faut pas faire n'importe quoi, et surtout pas décider à la place des Africains, que l'on aurait dû commencer par écouter. Etudier leur histoire et les conséquences du choc colonial est aussi une manière de leur rendre justice.

Repères chronologiques, 1863-1996

1863 : alors que le Rwanda est encore inexploré, John Speke formule une «théorie» dans *Journal of The Discovery of The Source of The Nile* : les Tutsi seraient des Sémito-Hamites venus d'Ethiopie ;

1885 : dans les coulisses de la conférence de Berlin, le Rwanda, qui demeure inexploré, est attribué à la zone coloniale allemande sur des cartes approximatives ;

1892 : l'Autrichien Oscar Baumann fait une brève incursion au Rwanda ;

1894 : la colonne menée par un Allemand, le comte von Götzen, traverse le pays d'est en ouest ;

1897 : selon les Allemands, le *mwami* (roi du Rwanda) reconnaît leur protectorat ;

1900 : les Pères Blancs, en grande majorité français, s'installent au Rwanda ;

1907 : quelques Allemands viennent occuper le pays en permanence ; à cause de leurs faibles effectifs, ils soutiennent le régime en place pour l'utiliser ;

1911 : fixation définitive de la frontière entre le Rwanda et le Congo Belge ;

1912 : au nord, une révolte contre le *mwami* est écrasée dans le sang par les Allemands ;

1916 : les Belges chassent les Allemands et occupent le pays ;

1922 : Mgr Classe (1874-1945) devient vicaire apostolique (évêque) du Rwanda ;

1924 : la Belgique accepte officiellement le mandat de la Société des Nations sur le «Ruanda-Urundi» ;

1926 : début de la réorganisation politique du pays (réforme Mortehan), généralisée après 1930 ;
1931 : le *mwami* Musinga est destitué et remplacé par son fils Rudahigwa ; conversions massives au catholicisme (la «tornade») ; à partir des années trente, les livrets d'identité vont porter la mention des «races» hutu, tutsi, twa ;
1946 : le territoire sous mandat de la SDN passe sous la tutelle de l'ONU ;
1957 : publication du *Manifeste des Bahutu* réclamant la fin du monopole politique des Tutsi «hamites» ;
1959 : révolte contre les chefs tutsi ; premiers massacres, premiers exils de Tutsi ;
1960 : les élections donnent une majorité écrasante aux candidats hutu, soutenus par les Belges ;
1961 : proclamation de la République ;
1962 : la Belgique accorde son indépendance au Rwanda ;
1963 : lors d'un raid, les royalistes tutsi exilés parviennent presque jusqu'à Kigali ; fin 1963-début 1964, sous prétexte de représailles, massacres de Tutsi qualifiables d'actes de génocide, nouvelle vague d'exils ;
1965 : crise politique au Burundi ;
1972 : génocide des élites hutu au Burundi ;
1973 : nouvelle épuration anti-Tutsi au Rwanda, nouveaux exils ; coup d'Etat de Juvénal Habyarimana, qui succède à Grégoire Kayibanda à la tête du Rwanda ;
1988 : massacres au Burundi ;

1990 : le Front Patriotique Rwandais, essentiellement tutsi, attaque le Rwanda pour obtenir le droit des exilés à y revenir ; la France sauve le régime en place par l'envoi de militaires, qui restent officiellement jusqu'à la fin de 1993 ;

1991 : massacres de Tutsi et d'opposants hutu dans le Nord, qui se répètent les années suivantes ; pendant la durée du conflit, le FPR commet des crimes de guerre ;

1993 : signature à Arusha (Tanzanie), par le FPR et le gouvernement rwandais, d'accords de paix ; au Burundi, massacres racistes ;

1994 : 6 avril, l'avion de J. Habyarimana est abattu, début du génocide ; le FPR reprend l'offensive ; sa victoire met fin au génocide début juillet ; depuis fin juin, la France mène l'opération Turquoise, qui va sauver quelques milliers de Tutsi, mais permet surtout d'exfiltrer les organisateurs du génocide ; manipulée et terrorisée, une partie de la population hutu fuit avec ceux-ci en Tanzanie et au Zaïre ;

1995 : début de nouveaux massacres de Hutu au Burundi, et d'attaques d'extrémistes hutu au Burundi et au Rwanda depuis le Zaïre ; massacre de réfugiés hutu à Kibeho ;

1996 : fin octobre, premiers combats des révoltés zaïrois, dits *«Banyamurenge»*, soutenus par le Rwanda et le Burundi, contre les troupes et milices hutu réfugiées au Zaïre depuis 1994 ; en novembre, retour de centaines de milliers de Hutu au Rwanda ; ceux qui ne veulent ou ne peuvent pas revenir sont pourchassés et victimes de crimes contre l'humanité perpétrés par des soldats rwandais tutsi et par des Zaïrois.

Pour en savoir plus

Outre des éléments inédits, ce livre synthétise cinq articles de Dominique Franche :

- «Généalogie du génocide rwandais. Hutu et Tutsi : Gaulois et Francs ?», Les Temps Modernes (Paris), n° 582 (mai-juin 1995), pp. 1-58 ;
- «Rwanda : etnie, razzismo e buona coscienza», *Africa e Mediterraneo* (Bologne), IV, 2 (1995), pp. 43-47 ;
- «Sommes-nous tous des Tutsi ?», Les Nouveaux Cahiers de l'Institut Universitaire d'Etudes du Développement (Genève), 6 (1997), pp. 85-97 ;
- «Représentations de l'histoire de France et naissance du racisme», L'aventure humaine (Paris), 12 (2001), pp. 41-62 ;
- «Différence et indifférence. L'Afrique et la passivité des intellectuels», Vacarme (Paris), 16 (2001), pp. 29-33.

Une précédente synthèse était parue sous le titre *Rwanda. Généalogie d'un génocide* aux éditions des 1001 Nuits en 1997.

Réflexions générales :

- AGAMBEN, G., *Homo sacer.* Paris, Seuil, 1997 ;
- AMSELLE, J.-L., M'BOKOLO, E. (dir.), *Au cœur de l'ethnie.* Paris, La Découverte, 1985 ;
- ARENDT, H., *L'Impérialisme.* Paris, Seuil, Points, 1984 (New York, 1951) ;
- BAYART, J.-F., *L'illusion identitaire.* Paris, Fayard, 1996 ;

- DELACAMPAGNE, C., *L'invention du racisme.* Paris, Fayard, 1983 ;
- DEVYVER, A., *Le sang épuré.* Bruxelles, ULB, 1973 ;
- LORAUX, N., *La cité divisée.* Paris, Payot, 1997 ;
- POLIAKOV, L., *Le mythe aryen.* Paris, Pocket, Agora, 1994 (1971) ;
- POLIAKOV, L., *La causalité diabolique.* Paris, Calmann-Lévy, 1980-1985.

Sur l'histoire rwandaise :

- D'HERTEFELT, M., *Les clans du Rwanda ancien.* Tervuren, Musée Royal de l'Afrique Centrale, 1971 ;
- LEMARCHAND, R., *Rwanda and Burundi.* London, Pall Mall Press, 1970 ;
- LINDEN, I. & J., *Church and Revolution in Rwanda.* Manchester University Press, 1970 (la traduction française, parue chez Karthala, comporte une partie ajoutée qui ne semble pas être de l'auteur, et qui tient des propos négationnistes) ;
- NEWBURY, C., *The Cohesion of Oppression : Clientship and Ethnicity in Rwanda, 1860-1960.* New York, Columbia University Press, 1988 ;
- REYNTJENS, F., *Pouvoir et droit au Rwanda. Droit public et évolution politique, 1916-1973.* Tervuren, Musée Royal de l'Afrique Centrale, 1985 ;
- RUMIYA, J., *Le Rwanda sous le régime du mandat belge (1916-1931).* Paris, L'Harmattan, 1992 ;
- VANSINA, J., *Le Rwanda ancien.* Paris, Karthala, 2001.

Sur le génocide rwandais :

- African Rights, *Rwanda. Death, Despair and Defiance.* London, 2nd ed. 1995 ;
- CHRÉTIEN, J.-P. (dir.), *Rwanda. Les médias du génocide.* Paris, Karthala, 1995 ;
- DES FORGES, A., *et al.*, *Aucun témoin ne doit survivre.* Paris, Human Rights Watch / FIDH / Karthala, 1999 ;
- pour ressentir les ravages du génocide au sein de la société, on ne saurait trop recommander la lecture de la bande dessinée de Jean-Philippe Stassen, *Deo Gratias* (Dupuis), un coup de poing dans l'estomac, ou, malgré des défauts ne gênant que les spécialistes, les livres de Jean Hatzfeld, *Dans le nu de la vie* et *Une saison de machettes* (Seuil, 2000 et 2003).

Achevé d'imprimer sur les presses
de la Nouvelle Imprimerie Laballery
en mars 2004

Dépôt légal: D/9203//2004/1
N° impression : 403085